Bilderrahmen selber machen

Stefanie Busold

Bilderrahmen selber machen

ENGLISCH VERLAG

Die Deutsche Bibliothek – CIP-Einheitsaufnahme
Bilderrahmen selber machen / Stefanie Busold.–
Wiesbaden: Englisch, 1998
ISBN 3-8241-0869-0

ISBN 3-8241-0869-0

Titelfoto Fotostudio Wolf
Printed in Spain

Inhaltsverzeichnis

Vorwort 7

Welche Leiste passt zu welchem Bild? 8

Übersicht über Bilder und ihre Rahmenformen 9

Werkzeug und Material 10
Werkzeug 10
Für den Rahmenbau 10
Für die Einrahmung 11
Material 11
Rahmenleisten 11
Passepartouts 12
Glas 12
Rückwandpappen 13

Einfache Rahmung für Anfänger 14
Glasbildhalter 14
Kleine Wechselrahmen 14
Große Wechselrahmen 15
Bildbefestigung 15
Lose in Glasrahmen eingelegtes Bild 15
Montage auf Hintergrundauflage 15
Im Passepartout 16

Einrahmung für Fortgeschrittene 17
Bau eines Leistenrahmens 17
Berechnung der Rahmengröße 17
Arbeiten mit der Gehrungsschneidlade 18
Gebrauch einer Gehrungssäge 19
Verleimen 20
Spannen 20
Verstärkung der Eckverbindungen 21
Anmischen von Patina 23
Rahmung eines Ölbildes 24
Herstellen eines Passepartouts 26
Größe des Passepartouts 26
Schneiden des Passepartouts 26
Spannen eines Bildes 27
Verschließen eines Rahmens 30
Als Wechselrahmen 30
Staubdichte Rahmung 31
Aufhängung 35
Kleine Bildformate 35
Große Bildformate 35

Anspruchsvolle Rahmenlösungen 36
Bemalung und Verzierung von Rahmen 36
Verzierung der Rahmenecken mit Ornamenten 37
Material 37
Vorbereitung des Untergrundes 37
Übertrag der Vorlagen auf die Leiste/Anfertigen von Schablonen 44
Eckornamente/fortlaufende Muster 46
Breite Mustervorlagen 47
Passepartoutverzierungen 51
Linierung und Verzierung von Passepartouts 51
Material 51
Die Linierung 54
Lasur 57
Patinierung von Gold- oder Silberfolie 58
Goldstreifen 59
Folienstreifen im Passepartout-Ausschnitt 60

Rahmung von Objekten 62
Doppelter Leistenrahmen 62
Kastenrahmen 62

Rahmung von Spiegeln 63

Pflege des Rahmens 63

Vorwort

Ungerahmte Bilder wirken unfertig. Der Rahmen unterstützt die Wirkung des Bildes und kann eine gute Ergänzung sein, wenn er z.B. einen Grundton des Bildes aufnimmt. Wenn der Rahmen genau zum Bild passt, fügt er sich auch harmonisch in eine neue Umgebung ein. Zugleich kann er eine willkommene Ergänzung zur Einrichtung sein.

Rahmen haben ihre Vorbilder in der Architektur. Sie entstanden aus praktischen Erwägungen, da sie das Reißen und Verbiegen der meist auf verleimten Holzbrettern gemalten Bilder verhinderten. Der Rahmen wurde zu einem Abschluss, der die Bildwirkung unterstützt und schmückt.

Oft bildet er die notwendige räumliche Abgrenzung für das Bild oder Objekt.

Für viele Künstler ist ein Rahmen die Ergänzung des Bildes. Vincent van Gogh erschien ein ungerahmtes Bild noch im „Rohzustand". Der im 19. Jahrhundert arbeitende Maler Arnold Böcklin machte die letzten Pinselstriche erst, nachdem sein Bild mit einem Goldrahmen versehen war. Teilweise zeichnete er sogar die Entwürfe für seine Rahmen und ließ sie von Vergoldern in Italien ausführen. Der Künstler James McNeill Whistler schließlich signierte sogar seine Rahmen. Viele Künstler wie Nolde, Schmidt-Rottluff oder Munch entwarfen ihre Rahmen selbst oder gaben genaue Anweisungen, wie der Rahmen zum Bild aussehen sollte. Gleichgültig war den Künstlern die Rahmung ihrer Bilder nie.

Eine weitere, wichtige Funktion des Rahmens ist der Schutz des Bildes. Besonders Staub, Feuchtigkeit, Fett o.ä. können das Bild beeinträchtigen.

Gerade bei Bilderpräsentationen kommt es auf die Wirkung an. Ein Stapel Zeichnungen mit Eselsohren ist kaum geeignet, einem eventuellen Käufer gezeigt zu werden. Ein Wechselrahmen oder eine feste Rahmung machen gleich einen viel besseren Eindruck. Darüber hinaus soll der Rahmen deutlich machen, dass etwas Wertvolles geschützt werden soll.

Auch auf Keilrahmen gespannte Öl- oder Acrylbilder brauchen einen Rahmen. Der Rahmen verhindert hier zusätzlich, dass sich der Keilrahmen verzieht.

Alle Arbeiten auf Papier brauchen den Schutz einer Rahmung unter Glas. Ihre Wirkung lässt sich durch schlichte Passepartouts noch unterstreichen. Ein Passepartout soll nicht nur das Bild optisch verschönern und den Blick auf das Bild lenken, sondern auch den direkten Kontakt mit dem Glas verhindern. So kann das Bild „atmen".

In diesem Buch werden verschiedene Methoden der Rahmung gezeigt. Dabei wird nach Schwierigkeitsgraden unterschieden. Die einzelnen Arbeitsschritte werden von Zeichnungen und Fotos begleitet.

Man findet in dem Buch immer wieder Tipps, um die Rahmung zu vereinfachen. Wenn man spezielle Kapitel für die Rahmung auswählt und dabei andere Texte überschlägt, empfiehlt es sich, alle besonders gekennzeichneten Tipps trotzdem zu lesen.

Welche Leiste passt zu welchem Bild?

Bei der heutigen Rahmenvielfalt ist der persönliche Geschmack entscheidend. Aber es gibt ein paar Dinge, die man beachten sollte.

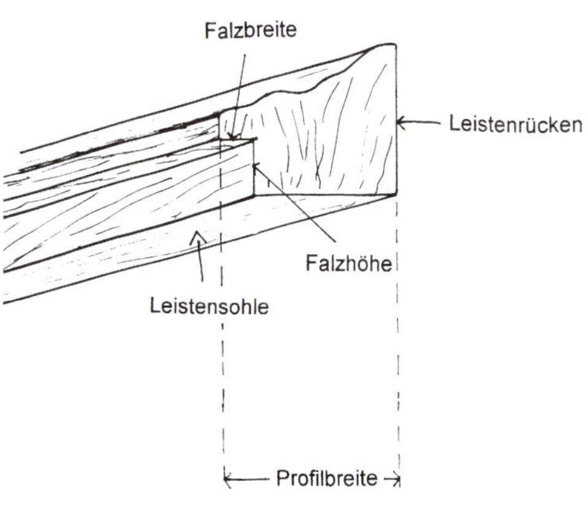

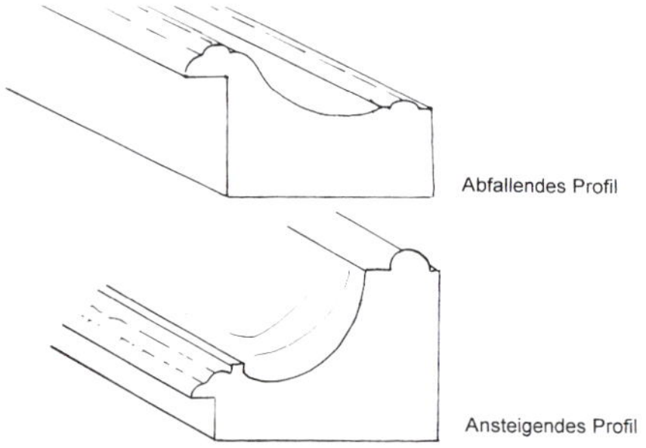

Motiv

Bei einem Porträt oder einem Stillleben wird die Wirkung des Bildes gesteigert, wenn man eine Leiste wählt, deren Rücken nach hinten abfallend ist. Dadurch wirkt das Bild erhöht.
Bei Landschaften oder perspektivisch angelegten Motiven sollte man die Tiefenwirkung durch ein nach innen abfallendes Rahmenprofil unterstützen.

Malweise
Wenn man eine Zeichnung im Stil Alter Meister rahmen will, empfiehlt es sich, eine entsprechend klassische Leiste auszuwählen. Einem modernen Bild entspricht ein zeitgemäßes Profil.

Zu einem mit weichem Pinselstrich gemalten Bild passt am besten ein geschwungenes Profil.
Eine graphisch wirkende Arbeit oder Zeichnung sollte man in einem einfachen, strengen und schlichten Profil fortsetzen.

Farben
Ist das Bild in klaren, eher kühlen Tönen gemalt, können diese Farben vorteilhaft im Rahmen aufgenommen werden. Auch Schwarz und Silber passen hier gut.

Wenn warme Töne wie Braun und Rot überwiegen, wirkt eine Holz- oder Goldleiste als harmonischer Abschluss.

Tipp: Wenn man sich unsicher ist, legt man ganz unterschiedliche Profile neben das Bild. Das Aussortieren fällt dann leichter.

Übersicht über Bilder und ihre Rahmenformen

Ölbilder auf Holz	Leistenrahmen, ohne Glas
Ölbilder auf Leinwand/Keilrahmen	Leistenrahmen, Rahmung ohne Glas evtl. freiliegend
Ölbilder auf Pappe	Leistenrahmen, ohne Glas
Ölbilder/Tempera auf Papier	Leisten- oder Wechselrahmen evtl. mit Passepartout, mit Glas
Zeichnungen in Bleistift, Kohle, Kreide oder Rötelstift	Leisten- oder Wechselrahmen mit Passepartout, mit Glas
Druckgraphik, Stiche, Reproduktionen Holz- und Linolschnitt, Lithographie, Kupferstich, Radierung, Siebdruck, Schablonendruck, Kalenderblätter	Leisten- oder Wechselrahmen mit Passepartout oder freiliegend auf Untergrundpappe, mit Glas
Collagen	Leisten- oder Wechselrahmen, mit Passepartout oder doppeltem Leisten- oder Kastenrahmen, mit Glas
Fotos	Leisten- oder Wechselrahmen, mit Glas
Insekten/Trockenblumen	Doppelter Leistenrahmen mit tiefem Falz, unter Glas
Kacheln	Kastenrahmen mit tiefem Falz
Münzen/Medaillen	Kastenrahmen unter Glas
Objekte/Sandbilder	Leistenrahmen mit Zwischenleiste mit und ohne Glas
Seidentücher	Leistenrahmung, freiliegende Rahmung oder Wechselrahmen mit und ohne Glas
Spiegel	Leistenrahmen
Stickereien	Wechselrahmen oder Leistenrahmen mit und ohne Glas

Werkzeug und Material

Werkzeug

Einfache Rahmungen können Sie mit dem meist in einem Haushalt befindlichen Werkzeug ausführen. Beim regelmäßigen Bauen von Rahmen und Schneiden von Passepartouts lohnt sich die Anschaffung von speziellem Werkzeug. Oft aber lassen sich Lösungen mit einfachen Mitteln finden, die unnötige Ausgaben vermeiden. Man unterscheidet nach Werkzeugen für den Rahmenbau und solchen für die Einrahmung. Dadurch werden einige Werkzeuge doppelt aufgeführt.

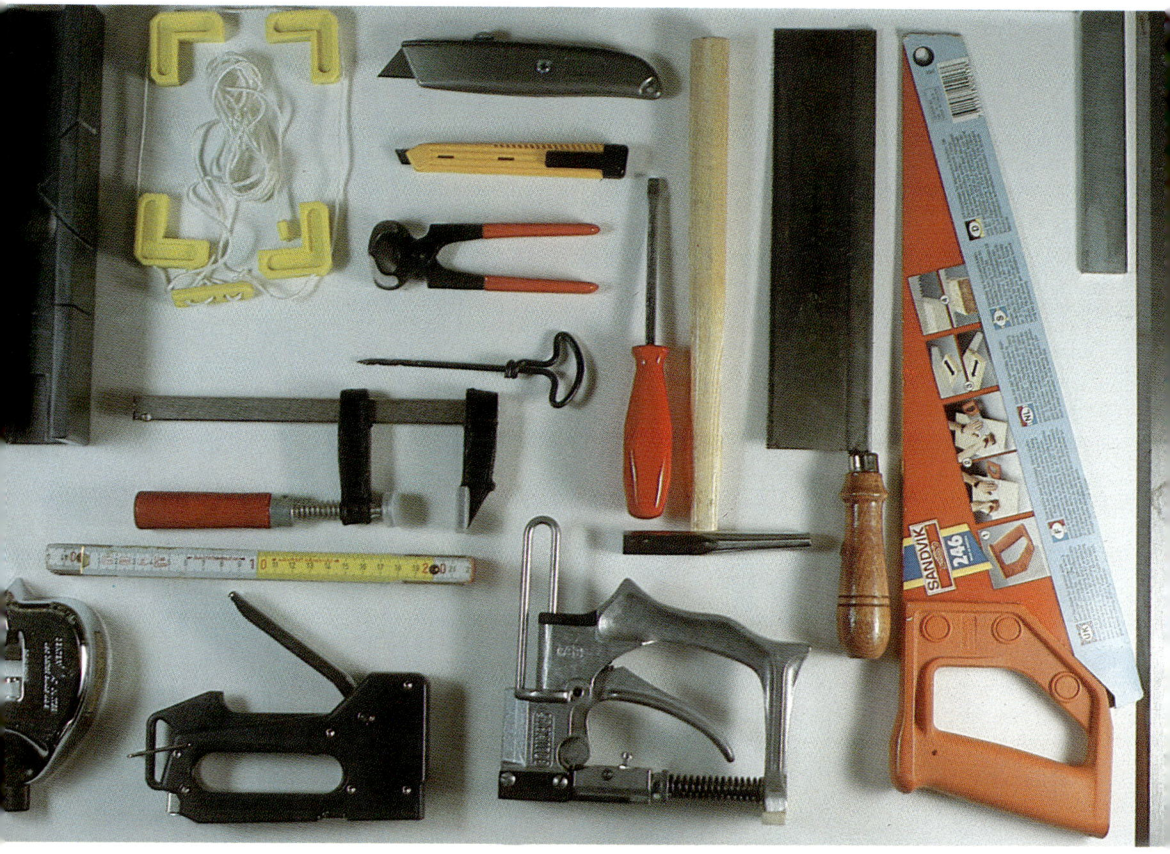

Für den Rahmenbau

Feile, feine Sägefeile oder Feilraspel oder Sandpapier
Fuchsschwanz oder Säge, möglichst mit feinem Sägeblatt
Gehrungsschneidlade aus Holz, zum Schneiden von Gehrungen und rechten Winkeln
Hammer, 250-g- bis maximal 500-g-Hammer
Holzleim, am besten Weißleim (Ponal)
Lineal, ein Eisenlineal und eventuell einen

Eisenwinkel
Messer mit austauschbaren Klingen (es lohnt sich, zwei verschiedene Größen zu haben).
Nagler oder Handtacker, zur Verstärkung der Eckverbindung/Gehrung. Die Anschaffung lohnt sich, da so der Leistenrücken nicht verletzt wird. Auch mit einem preiswerten Nagler erzielt man gute Ergebnisse.
Rahmenspanner, Schnur mit vorgefertigten Ecken. Alternativ Schnur mit Holzklötzen oder Gehrungsspannklammern
Mehrere Schraubenzieher, auch feine, z.B. für kleine Schrauben der Wechselrahmenfedern
Schraubzwingen oder Schraubstock, wenn ein Werktisch vorhanden ist
Vorbohrer, Ring- oder Nagelbohrer in verschiedenen Größen
Zange, Kneifzange oder Flachzange, zur Entfernung von Nägeln u.a.
Zollstock oder Rollbandmaß.

Tipp: Wenn ein Werktisch vorhanden ist, sollte man sich eine Holzleiste am Rand des Tisches fest montieren, besser noch einen Holzwinkel an zwei Kanten des Tisches. Es reicht aber auch, eine Stützleiste mit Schraubzwingen am Tisch zu befestigen.

Für die Einrahmung

Deko-Hammer, 250 g schwer. Es gibt auch einen speziellen Hammer mit einem Magnetkopf, dieser ist aber nicht unbedingt notwendig.
Falzbein aus Knochen oder Plastik, für das Andrücken der Klebefälze (ersatzweise Fingernagel)
Handapparat zum Befestigen der Rückwand an der Leiste (Columbus oder Fletcher), Spezialwerkzeug zum Verschließen des Rahmens mit Metallplättchen statt Nägeln. Auch mit Deko-Hammer und feinen Nägeln bzw. Metallstiften lassen sich gute Ergebnisse erzielen. Der Handapparat ist nur eine sinnvolle Anschaffung, sofern die Absicht besteht, viele Einrahmungen selbst herzustellen.
Handpassepartoutschneider, wenn man Passepartouts selber fertigen will, unbedingt notwendig. Nur für Fortgeschrittene zu empfehlen. Das Gerät ist teuer und erfordert Übung.
Lineal und Geodreieck, zum Verzieren von Passepartouts
Messer mit austauschbaren Klingen. Es lohnt sich, zwei verschiedene Größen zu haben.
Pinsel verschiedener Stärken, möglichst gute Qualität (halten länger)
Zollstock oder Rollbandmaß.

Material

Alle aufgezählten Materialien sind bei Baumärkten und Eisenwarenhändlern, zum Teil auch bei Glasern, Büro- und Bastelmärkten erhältlich.

Rahmenleisten

Rahmenleisten findet man in vielen Baumärkten oder Fachgeschäften. Allgemein sollte man darauf achten, dass die Proportionen stimmen: Für große Bilder sollte man ausreichende Profilbreiten wählen und auf ausreichende Falzhöhe für Keilrahmen und Passepartoutdicke achten. Bei einer großen Einrahmung, die mit zu schmaler Leiste hergestellt wird, ist die Wahrscheinlichkeit groß, dass sich die Leiste durch das hohe Gesamtgewicht durchbiegt (Glas) und der Rahmen instabil wird.

Passepartouts

Passepartoutpappen sind meist zusammen mit den Leisten erhältlich. Auch gut sortierte Papierfachgeschäfte oder Büromärkte führen sie. Die Farbauswahl ist sehr groß. Dies gilt auch für die Hintergrundpappen, die aus dünnerem Material sein können (sogenannter Fotokarton). Wichtig: Für Originale wie Zeichnungen und Graphiken auf hochwertigen Papieren sollten unbedingt säurefreie oder pH-neutrale Pappen verwendet werden. Säure greift das Papier nämlich an.

Tipp: Vorsicht bei sehr farbigen Passepartouts. Sie wirken oft erdrückend. Grundsätzlich ist ein neutraler heller Karton zu empfehlen. Es gibt verschiedene gebrochene Töne von Kalkweiß bis hin zu leichtem Gelb.

Tipp: Das Passepartout immer zusammen mit dem Bild auswählen. Die farbliche Abstimmung gelingt dann besser.

Glas

Glas ist in drei Sorten gebräuchlich: normales Spiegelglas und Mattglas sowie als Spezialglas das entspiegelte Glas/Museumsglas.

Tipp: Man sollte sich das Glas beim Glaser direkt in den fertigen Rahmen schneiden lassen.

Spiegelglas gibt es in verschiedenen Stärken. Dieses Glas ist für alle Rahmungen gleich gut geeignet. Die Glasstärke empfiehlt der Glaser. Zu bedenken ist, je dicker das Glas, desto schwerer und instabiler wird der Rahmen.
Mattes Glas verhindert zwar die Spiege-

lung des Lichtes, hat aber den großen Nachteil, dass die Farbintensität des Bildes beeinträchtigt wird. Zugleich wirkt das Bild etwas verschwommen. An einem sehr hellen, sonnigen Hängeplatz (der sich für Originale von selbst verbietet, weil sie sonst verblassen), kann man dieses Glas jedoch gut verwenden.

Tipp: Oft hilft es bei der Entscheidung, wenn man auf die eine Hälfte des Bildes mattes und auf die andere normales Glas legt.

Entspiegeltes Glas oder Museumsglas ist grundsätzlich nicht für die Hobbywerkstatt zu empfehlen. Es ist im Verhältnis zum normalen Spiegelglas sehr teuer. Und hat zudem eine hochempfindliche Oberflächenbeschichtung. Sein Vorteil liegt in größtmöglicher Entspiegelung, ohne dass sich die Farbwirkung verändert. Dieses Glas ist beim einfachen Glaser meist nur auf Bestellung zu beziehen.

Tipp: Vorsicht, Glas steht unter Spannung. Bei größeren Glasscheiben darauf achten, dass man sie aufrecht trägt und mit beiden Händen hält: oben und unten oder seitlich greifend. Dann in der Glasscheibenmitte an die Tischkante anlegen und zügig auf den weich gepolsterten Untergrund legen (Pappe, Decke oder Filz).

Das zugeschnittene Glas muss häufig gereinigt werden. Am besten mit einer Mischung aus Spiritus und Wasser im Verhältnis 1:1. Spiritus nimmt man, weil er sofort verdunstet und das Bild nicht angreift. Möglichst keine herkömmlichen Glasreiniger nehmen. Sie enthalten oft Salmiak, der die Bilder angreift.
Wird das Reinigungsmittel gemischt, sollte man es in festverschließbare Glas- oder Plastikflaschen füllen (praktisch mit Sprühdüse). Bitte sofort beschriften und nicht in die Nähe von Kindern gelangen lassen.

Tipp: Damit man sich beim Reinigen oder Verkleben nicht schneidet, die Kanten des Glases mit nassem Schmirgelpapier anschleifen, welches zum Schutz der Hände um einen Klotz gespannt wird.

Rückwandpappen

Bei Rückwandpappen gibt es sehr unterschiedliche Qualitäten. Die minderwertigen preiswerten Pappen, sogenannte finnische und Graupappe, sind holzhaltig und sollten nicht mit dem Bild in Berührung kommen. Deshalb eine dünne, säurefreie Pappe dazwischen legen. Oder man nimmt eine dicke säurefreie Pappe als Bildauflage, die zugleich auch als Rückwand dient. Gut geeignet sind auch Hartfaserplatten.

Einfache Rahmung für Anfänger

Selbst wer handwerklich weniger geübt ist, kann Bilder selbst einrahmen und in eine optisch ansprechende Form bringen. Dazu bieten sich mehrere Möglichkeiten an:

Glasbildhalter

Die einfachste Lösung ist die rahmenlose Zweiglas-Bildfassung.
Dazu braucht man zwei vom Glaser auf das Bildmaß zugeschnittene Scheiben, die an den Kanten geschliffen oder poliert werden müssen, damit man sich nicht schneidet. Dies kann der Glaser machen oder man schleift die Kante selber mit angefeuchtetem Schleifpapier, das zum Schutz der Hände um einen Holzquader gespannt wird. Im Handel sind Bildhalterungen käuflich, die um die Glasscheiben gespannt werden. Sie enthalten Löcher für die Aufhängung. Die Bildhalter sind in verschiedenen Maßen bei Baumärkten erhältlich.
Statt der zweiten Glasscheibe kann auch eine Pappe als Rückwand verwendet werden.

Tipp: Die Glasscheiben sollten nicht zu dick sein, da der Rahmen sonst zu schwer wird.

Kleine Wechselrahmen

Diese industriell gefertigten und recht preiswert im Handel erhältlichen Rahmen eignen sich besonders für kleinere Formate. Im Eigenbau sind diese unverhältnismäßig teuer.
Meistens werden genormte Passepartouts mitgeliefert, die aber mit dem eigenen Bildmaß selten übereinstimmen. Stattdessen kann man sich ein dünnes, weißes oder farbiges Passepartout oder einen Auflagekarton schneiden.

Zweiglasbildhalter

Diese vorgefertigten Rahmen sind besonders für Fotos, Drucke und Kalenderblätter geeignet, die auf das vorgegebene Maß beschnitten werden.

Tipp: Es ist am einfachsten, wenn man die Glasscheibe auf das zu beschneidende Bild legt. An deren Kanten kann nun ein sauberer Schnitt mit dem Messer ausgeführt werden.

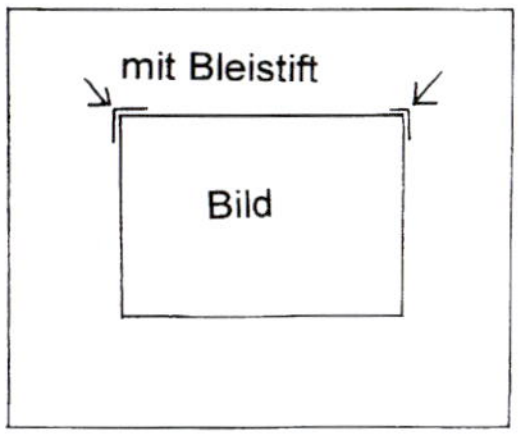

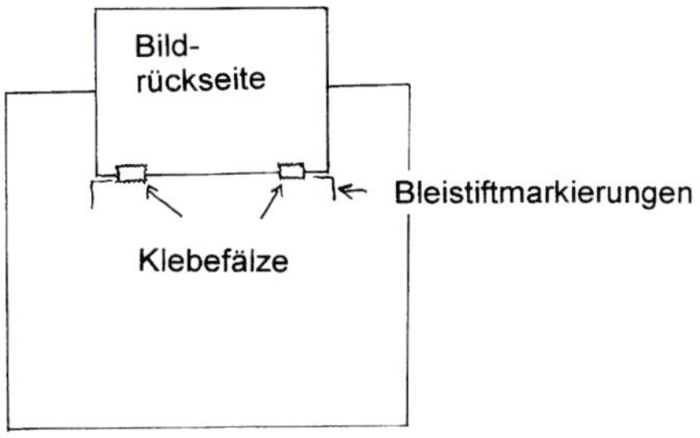

Große Wechselrahmen

Für Poster und größere Kalenderblätter bieten sich Aluminiumrahmen an. Da Posterformate oftmals genormt sind, ist es kein Problem, die Rahmen in den geforderten Maßen zu bekommen. Es gibt sie in sehr vielen Farbvarianten.

Bildbefestigung

Lose in Glasrahmen eingelegtes Bild

Zur Befestigung des lose in den Rahmen eingelegten Bildes empfiehlt es sich, ein kleines flaches Stück Schaumstoff zwischen Rückwand und Bild zu bringen. Dadurch verrutscht es nicht.

Montage auf Hintergrundauflage

Auf einem Untergrundkarton klebt man das Bild an zwei Stellen mit Klebstreifen am Oberrand fest. Dazu misst man zunächst die Ränder aus, so dass das Bild mittig auf dem Untergrundkarton liegt. Dann zeichnet man mit Bleistift die oberen Ecken auf der Unterlage an. Danach wird das Bild auf die Rückseite gewendet und oberhalb der Bleistiftstriche angelegt. Nun kann man flach die Klebstreifen ankleben und schlägt das Bild wieder zurück. Die Klebefalze noch etwas andrücken, gegebe-

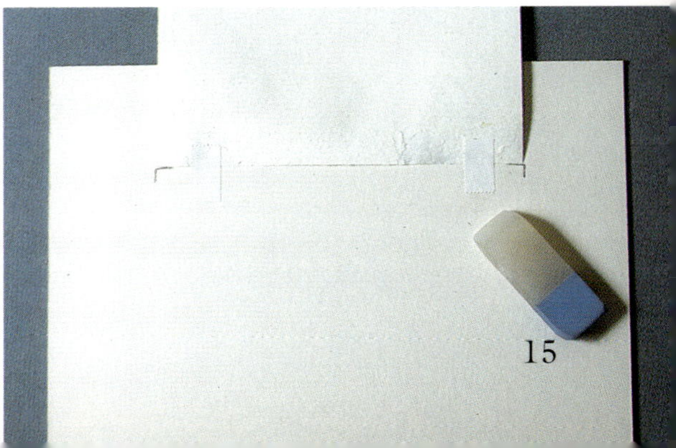

nenfalls an den Bleistiftmarkierungen korrigieren. Sichtbare Markierungsspuren ausradieren. Im Handel werden gummierte Kleberollen angeboten. Weiße Klebstreifen dienen zur Befestigung der Bilder, braune Klebstreifen sind für die Verklebung der Rückwände geeignet.

Tipp: Als Klebstreifen eignen sich besonders gut die Randstreifen von Briefmarken. Diese sind ebenfalls mit einem Leim gummiert, der Originale nicht beschädigt.

Im Passepartout

Zuerst zur Befestigung von Blättern, bei denen der Passepartoutausschnitt die Ränder des Motivs abdeckt:
Man legt das Bild mit dem Motiv nach oben vor sich und befestigt Klebstreifen am Oberrand. Dann legt man das Passepartout darauf und drückt oben mit der flachen Hand auf das Passepartout, damit die überstehenden Streifen festkleben. Danach sollte man das Bild unbedingt auf die Rückseite drehen und mit dem Falzbein oder Fingernagel die Klebstreifen fest andrücken.
Nun zu Bildern, wie zum Beispiel einer Radierung mit Plattenrand, bei denen genau gemessen werden muss, damit die Linien des Bildes und des Passepartouts parallel sind: Es ist ratsam, an einer Kante oben und unten zu messen. Ganz besonders wichtig für die optische Wirkung ist eine gerade Unterkante.
Hierzu legt man das Bild auf den Arbeitstisch und lässt es am Oberrand etwa 2 cm überstehen. Wenn man das Passepartout darüber gelegt und die Seiten sorgfältig mit dem Zollstock ausgemessen hat, kann man nun von unten zwei Klebstreifen am Oberrand anbringen.

Tipp: Bei den meisten Bildern mit sichtbarem Rand, sollte der Unterrand des Passepartouts ca. 0,5 cm breiter sein als die übrigen Ränder. Wenn der Rand gleich ist, „fällt“ das Bild scheinbar nach unten. Durch den optischen Trick wird dieser Eindruck ausgeglichen. Bei einer signierten Darstellung sollte das Passepartout die Signatur sichtbar lassen.

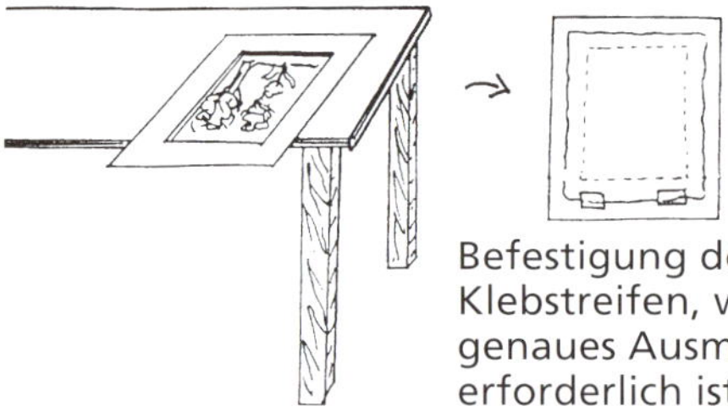

Befestigung der Klebstreifen, wenn genaues Ausmessen erforderlich ist

Tipp: Bevor man die Glasscheibe auf das Bild legt, ist darauf zu achten, dass weder Staub noch andere Schmutzpartikel vorhanden sind. Am besten einmal vorsichtig über das Bild pusten. Oder mit einem weichen Pinsel über das Bild wischen.

Einrahmung für Fortgeschrittene

Bau eines Leistenrahmens

Wenn man sich einen Rahmen bauen will, muss man sich für eine zum Bild passende Leiste entscheiden. (Siehe Kapitel „Welche Leiste passt zu welchem Bild".) Bevor man das Maß des Rahmens festlegen kann, muss entschieden werden, ob das Bild mit einem Passepartout gerahmt wird.

Berechnung der Rahmengröße

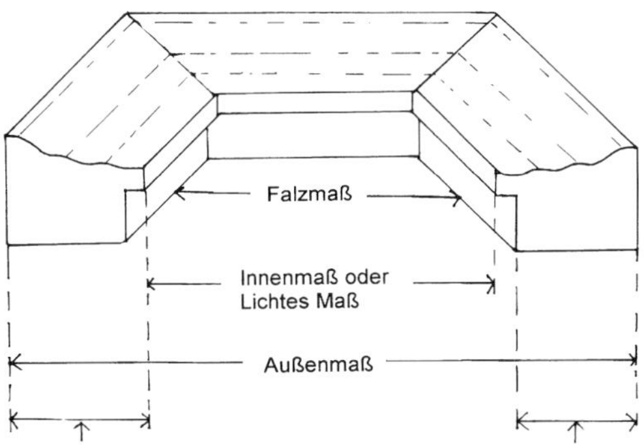

Das Rahmenmaß ergibt sich aus der Addition von Bildgröße, eventuell Passepartoutbreite (Falzmaß) und der Breite der Leistensohle.

Tipp: Der Leistenrest beim Gehrungsschnitt, je nach Breite der Leiste unterschiedlich, muss bei der zu kaufenden Länge der Leiste mitberechnet werden.

Um die gesamte Leistenlänge für den Einkauf zu berechnen, addiert man:
die doppelte Höhe + die doppelte Breite des Bildes + den doppelten Passepartoutrand + 0,5 cm für den Passepartoutunterrand + die vierfache Leistenbreite.
Mindestens 10% dieser Summe werden für den Gehrungsschnitt hinzugerechnet.

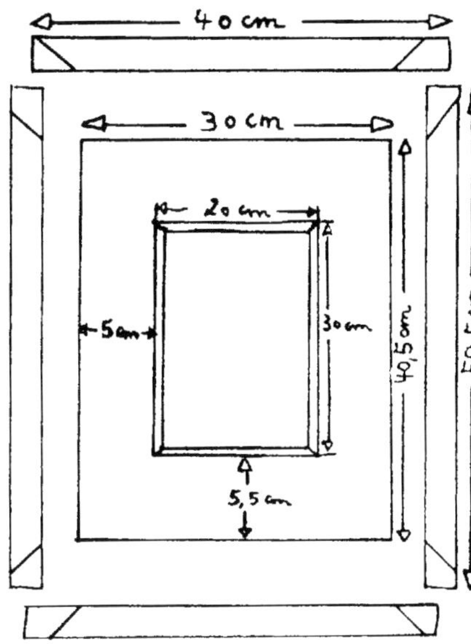

Leistenstücke ca 10 cm länger zuschneiden

Beispiel: ein Bild mit den Maßen 20 x 30 cm und einem Passepartoutrand von jeweils 5 cm (Unterrand 5,5 cm) und einer Leistenbreite von 3 cm:

Bildmaß	20+20+30+30	=	100,0 cm
Passepartoutmaß	5+5+5+5,5	=	20,5 cm
Leistenbreite	3+3+3+3	=	12,0 cm
			132,5 cm
Zuschlag mindestens 10%			13,2 cm
einzukaufende Leistenlänge			145,7 cm

Tipp: Immer zuerst die beiden längeren Schenkel zuschneiden; falls man sich vermessen hat, kann man sie für die kürzeren verwenden.

Arbeiten mit der Gehrungsschneidlade

Wenn die Leiste beim Kauf gleich zugeschnitten werden kann, sollte man es dort machen lassen. Denn das Arbeiten mit der Gehrungsschneidlade erfordert Übung.

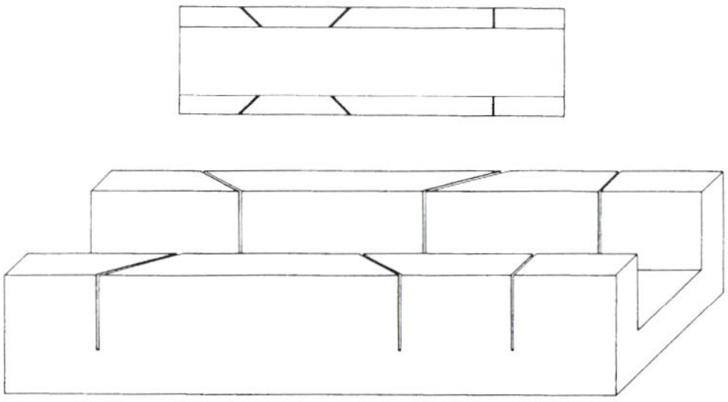

Gehrungsschneidlade aus Holz

Da viele Leisten aus Weichholz sind, ist ein sauberer Schnitt schwierig. Deshalb ist eine gute Säge dabei unbedingt erforderlich.
Zuerst sollte man die Gehrungsschneidlade am Tisch mit einer Schraubzwinge befestigen. Die Säge sollte gleichmäßig und ohne Druck durch das Holz gezogen werden.

Tipp: Über der Schnittstelle ein leicht haftendes Klebeband befestigen, es verhindert das Abblättern der Farbe. Vorsicht! Nie bei Gold- oder Silberrahmen verwenden, da sich durch das Klebeband die Beschichtung lösen könnte.

Damit später sauber verleimt werden kann, immer noch einmal kurz mit Schleifpapier über die Gehrungskante gehen. Vorsicht: nicht zuviel abschleifen, sonst verändert sich das Maß. Nicht schräg schleifen, sonst liegen die Schnittkanten nicht mehr plan.
Arbeiten Sie immer mit dem Innenmaß und achten Sie darauf, dass der Falz beim Sägen zum Körper gewandt ist. Die Leiste immer von der Oberseite her schneiden.

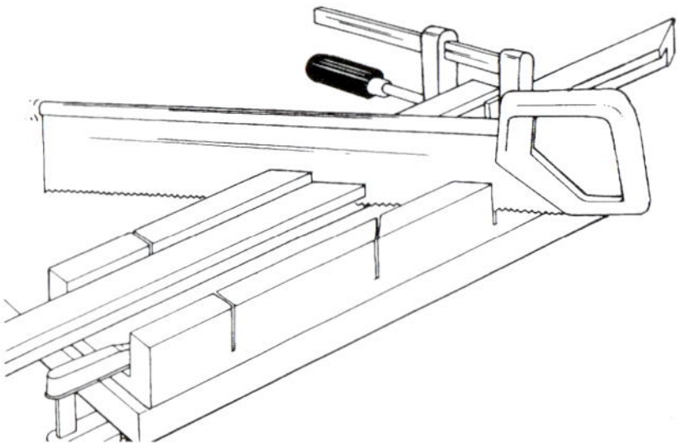

Zuerst wird das eine Ende der Leiste auf Gehrung geschnitten. Dann wird die Stelle für den zweiten Schnitt mit Bleistift markiert. Jeweils nur eine Stelle markieren, für den nächsten Schnitt wieder neu ausmessen, der Verlust durch das Sägeblatt kann sonst zu verschieden langen Schenkeln führen.

Tipp: Eine lange Leiste in vier Teile (je 2 x Falzmaß + ca. 10 cm Verschnitt) zuschneiden. Siehe rechte Zeichnung S. 18.

Gebrauch einer Gehrungssäge

Für den Zuschnitt kann man bei den meisten Baumärkten kostenlos eine Gehrungssäge benutzen oder sich Leisten zuschneiden lassen. Zuerst wird die Leiste wieder an einer Seite auf Gehrung geschnitten. Dann wird die Stelle des zweiten Schnittes mit Bleistift markiert.
Eine Gehrungssäge hat zudem meist Anschlag- oder Anlegewinkel. Das Maß wird auch für den zweiten Schenkel fest eingestellt und der Gehrungsschnitt ausgeführt. Wenn alle vier Rahmenschenkel zugeschnitten sind, ist es wichtig, sie lose als Rahmen zusammenzulegen. Dann kann man die Gehrungsschnitte kontrollieren. Dazu bindet man eine Schnur, die mit Holzklötzchen gespannt wird, lose um den Rahmen oder benutzt einen Rahmenspanner.
Die Kanten leicht mit Schleifpapier anschleifen, um eventuell auszugleichen.

Gehrungssäge

Verleimen

Der beste Leim ist der Weißleim (Ponal). Er trocknet durchsichtig und ist nach dem Trocknen wasserunlöslich. Er kann mit dem Finger oder Pinsel auf die Gehrungsschnitte gebracht werden. Es reicht, eine Seite einzuleimen. Dabei werden immer zuerst beide gegenüberliegenden Ecken geleimt und in den Spanner gelegt.

Tipp: Wenn ein Rahmenwinkel falsch geleimt und bereits getrocknet ist, legt man die geleimten Rahmenschenkel so auf die mit Pappe oder einer Decke abgedeckte Arbeitsplatte, dass die Gehrung parallel zur Kante liegt. Jetzt schlägt man mit der Handkante kurz von oben auf den überstehenden Schenkel, so dass man wieder zwei Schenkel erhält. Die Gehrungsschnitte sollten wieder angeschliffen werden, bevor sie neu verleimt werden.

Spannen

Nach dem Leimen legt man den Rahmen zusammen. Dann wird der Rahmen umspannt, damit die Leimung haltbar wird. Durch den Druck des Spannens tritt Leim aus, der sofort mit einem nassen Tuch oder den Fingern entfernt werden sollte.

Tipp: Legen Sie unter die geleimte Gehrung ein kleines Stück Papier für den nach unten austretenden Leim.

Der Rahmen sollte mindestens eine Stunde trocknen können. Zum Schluss die Überstände am Rahmenrücken leicht mit Schleifpapier glätten.

Als Spannvorrichtung eignen sich mehrere Dinge: Die einfachste Methode ist das Spannen mittels einer Schnur. Diese wird um den zusammengelegten Rahmen gelegt und verknotet, aber noch nicht gespannt. Kleine Holzklötzchen werden dann zwischen Schnur und Rahmenrücken gebracht. Sie erzeugen die nötige Spannung, wenn man sie in Richtung der Ecken schiebt. Diese Methode eignet sich besonders bei Leisten, die einen hohen Rücken haben.

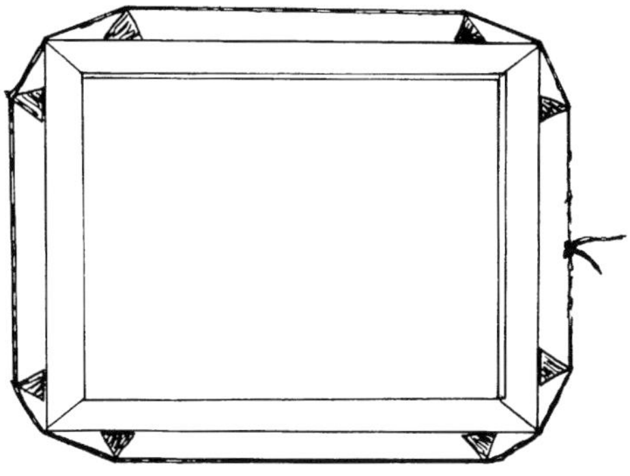

Spannen mit loser Schnur und Holzklötzchen

Zu empfehlen sind auch industriell gefertigte Schnüre oder Gummis, die komplett mit Ecken und Verschluss geliefert werden. Mit diesen kann man auch die Gehrungsschnitte beim ungeleimten Rahmen am besten kontrollieren.

Industriell gefertigter Spanner mit Ecken und Verschluss

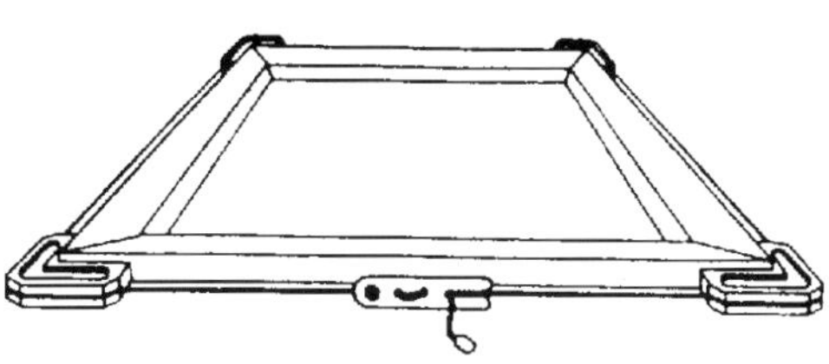

Tipp: Bei nach außen abfallendem Rahmenprofil kann man die Ecken des Spanners auf Hartfaserplattenvierecke festschrauben, so dass sie nicht abrutschen.

Man kann auch Gehrungsspannklammern verwenden. Sie eignen sich besonders gut für schmalere Profile oder Leisten mit abfallendem Rücken, bei denen eine Schnur nicht halten würde. Beim Aufsetzen muss man darauf achten, dass sich die Spitzen möglichst in gleichem Abstand zur Ecke befinden, damit sich die Gehrung nicht verschiebt. Die Spitzen des Federstahles hinterlassen kleine Löcher, die man mit farbigem Rahmenwachs schließen kann oder mit Plakafarben etwas retuschieren sollte.

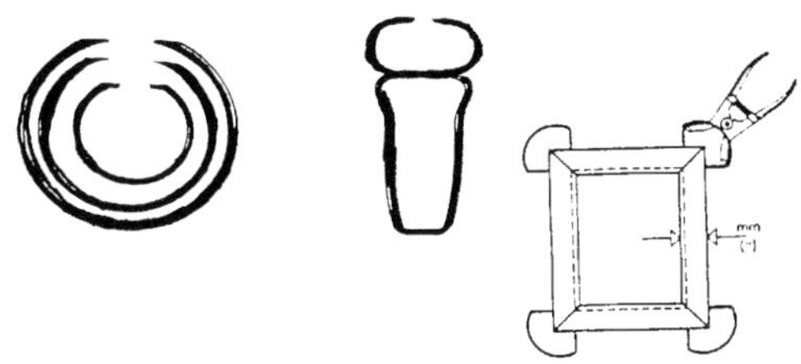

Gehrungsspannklammern

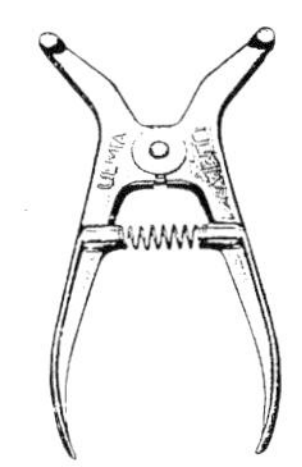

Verstärkung der Eckverbindungen

Bei größeren Rahmen muss die Gehrung noch zusätzlich gesichert werden. Besonders durch das Gewicht des Glases ist der Druck auf die Ecken besonders hoch.
Auch hier gibt es wieder verschiedene Möglichkeiten.
Zu empfehlen ist die Anschaffung eines Handtackers. Dieser ist in Baumärkten er-

hältlich und für viele weitere Dinge gut verwendbar (z.B. das Aufziehen einer Leinwand auf einen Keilrahmen oder Dekorationen). Auch preiswerte Geräte erfüllen ihren Zweck. Zu beachten ist, dass die Heftklammern nicht zu lang und nicht zu dick sind.
Der Rahmen sollte beim Tackern im Spanner bleiben und die Oberseite auf einem weichen Untergrund liegen, denn der Nagler übt Druck aus. Möglichst an der dicksten Stelle des Profiles heften, sonst schlägt die Klammer eventuell an der Oberseite durch.
Eine einfache Methode ist auch die Verstärkung mit Eckverbindungen. Hierzu gibt es je nach Breite der Leiste Rahmenwinkel in diversen Größen. Sie sind meist in Packungen zu vier Stück abgepackt.

Tipp: Auf kurze Schrauben achten! Beim Eindrehen der Schrauben die andere Hand unter den Rahmen halten - falls die Schrauben zu lang sind, fühlt man es und kann gegebenenfalls kürzere nehmen.

Bei breiteren Rahmen sind aus Sperrholz geschnittene Holzecken zu empfehlen. Sie werden auf der Unterseite des Rahmens auf die Gehrung aufgeleimt und genagelt.

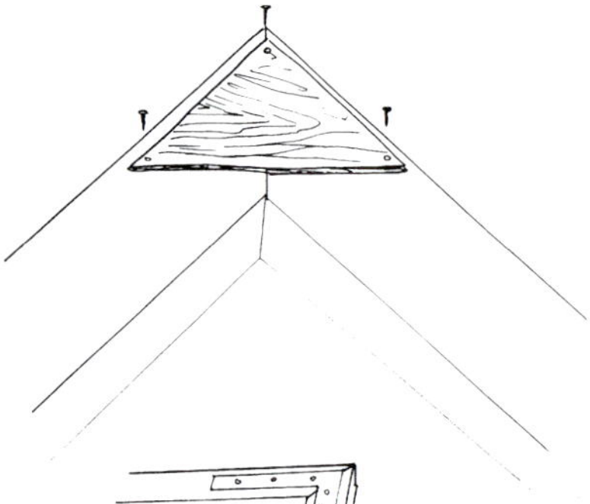

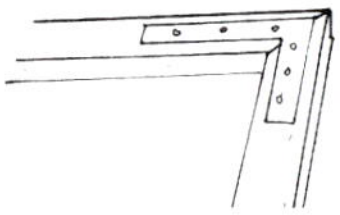

Bei Profilen mit geradem Rücken kann man die Ecken mit Stahlstiften nageln. Ein schmaler nichtrostender Stahlstift wird eingeschlagen, während der Rahmen mit einer abgepolsterten Schraubzwinge festgehalten wird.

Der Nagel muss mit einem Versenkstift tiefer geschlagen werden, das entstehende Loch wird mit eingefärbtem Rahmenwachs ausgebessert.

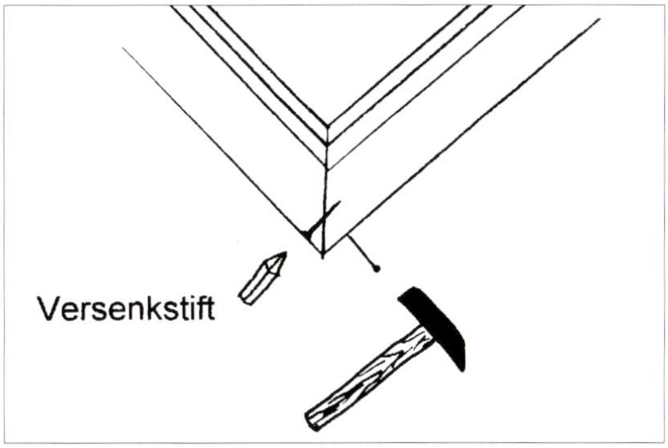

Tipp: Das Nageln verletzt den Leistenrücken. Diese Stellen sind aufwendig zu retuschieren. Deshalb ist das Sichern der Gehrung mit dem Nagler oder den Eckwinkeln vorzuziehen.

Anmischen von Patina

In vielen Läden kann man Patina kaufen, um Rahmen oder Goldfolie (siehe Kapitel „Patinierung von Gold- oder Silberfolie") etwas abzutönen. Falls es Wahlmöglichkeiten zwischen fetter und magerer Patina gibt, ist die magere zu bevorzugen. Fette Patina glänzt zu stark. Die gewünschte Tönung erzeugt man selber mit Hilfe von Farbpigmenten.
Grundtöne sind Grün umbra, Braun umbra, Sienna (Gelb) und Lithopone (Weiß). Vorsicht mit Schwarz und Caput mortuum (Rot), diese färben sehr stark!

Man sollte sich mit dem Farbton am Bild orientieren. Zum Probieren ein bisschen auf den Rahmen streichen und mit Putzwolle abwischen. Vorwiegend Braun umbra und Grün umbra verwenden.
Die Patina wird möglichst rasch mit etwas Putzwolle oder einem Lappen dick aufgetragen. Mit einem zweiten Lappen wird nun der größte Teil wieder abgenommen, so dass nur eine dünne Schicht stehen bleibt. Diese wird mit einem neuen Putzwollbällchen wolkig getupft. Danach wird mit feiner Stahlwolle unregelmäßig etwas abgerieben. Dies bedarf der Übung, erzielt aber schöne Ergebnisse.

Tipp: Wenn es nicht gelungen ist, nochmals dick auftragen und von vorne anfangen. Die darunterliegende Schicht löst sich darunter auf. In den selbst gefertigten Rahmen wird beim Glaser direkt ein Glas hineingeschnitten.

Rahmung eines Ölbildes

Ölbilder auf Keilrahmen werden direkt im zusammengesetzten Leistenrahmen mit Blendrahmenblechen befestigt. Je nach Falztiefe können die Bleche zurechtgebogen werden.

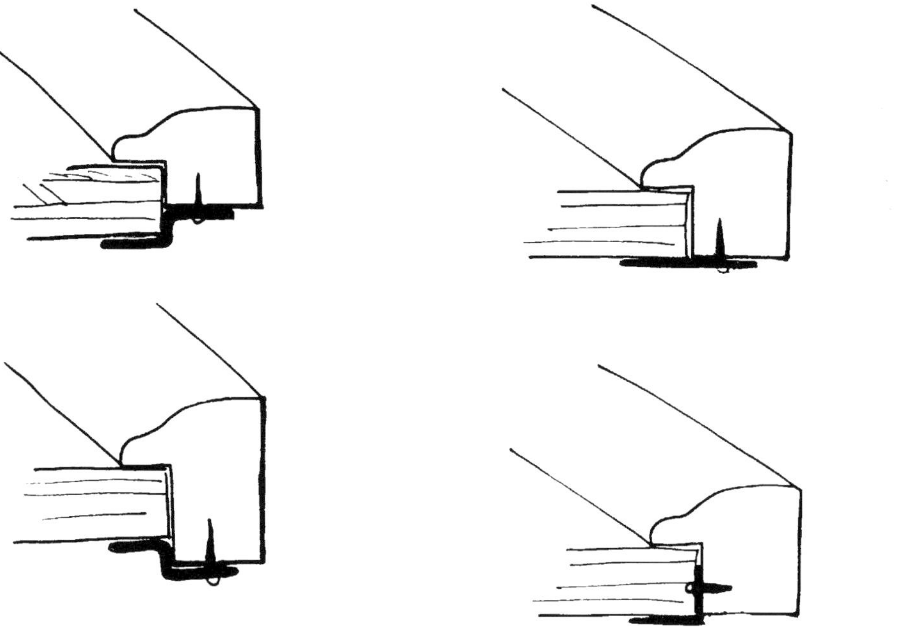

Befestigung von Leinwänden bei unterschiedlicher Falztiefe

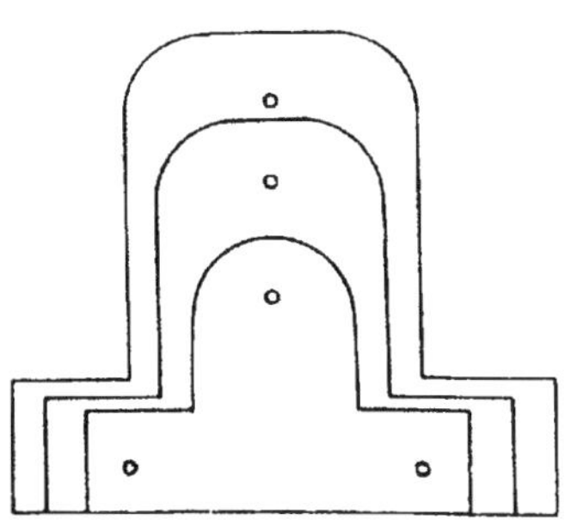

Blendrahmenbleche

In den Keilrahmen oder die Falzhöhe der Leiste werden die Ringschrauben für das Seil befestigt.

Siehe auch das Kapitel: Aufhängung großer Bildformate, Zeichnung S. 35.

Für moderne Ölbilder ist eine freiliegende Rahmung zu empfehlen. Vorteil ist der Abstand zwischen Bild und Leiste, der die ganze Bildfläche sichtbar lässt.

Leiste für freistehende Rahmung eines Ölbildes

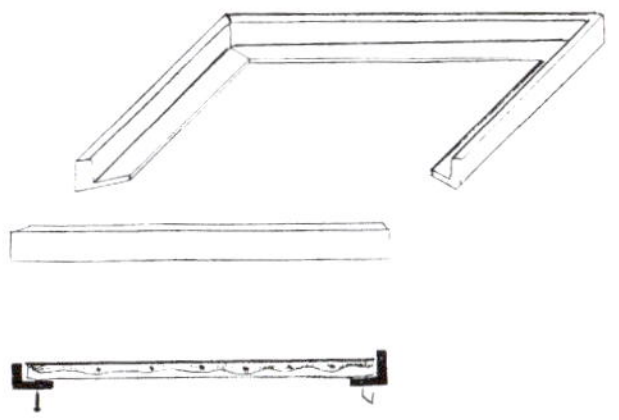

Befestigung mit Nagel oder Tacker

Herstellen eines Passepartouts

Größe des Passepartouts

Das Passepartout muss mindestens eine Fläche von 1 cm vom Rand des Blattes bedecken, sonst rutscht das Bild in den Ausschnitt. Der Unterrand sollte aus optischen Gründen ca. 0,5 cm breiter sein. Die Breite des Passepartouts ist Geschmackssache. Man sollte jedoch auf ein Gleichgewicht zwischen Bild- und Passepartoutgröße achten.

Beispiel: Bei einem ca. 30 x 20 cm großen Motiv sollte die seitliche Passepartoutbreite mindestens 5 cm betragen.

Tipp: Die Breite des Rahmenprofils muss immer deutlich schmaler sein als die Passepartoutseitenbreite.

Wenn das zu rahmende Motiv einen schönen Papierrand hat, beispielsweise ein Japanpapier, kann man den Rand frei stehen lassen. Dazu wird der Ausschnitt des Passepartouts etwa 5 mm größer als die Papiergröße geschnitten und das Bild auf einer Auflagepappe befestigt.
Die Wirkung kleinerer Bildformate lässt sich mit breiten Passepartouträndern sehr gut zur Geltung bringen. Für die Außenmaße des Passepartouts wird die Breite des Passepartoutrandes zu den Maßen des Bildausschnittes addiert.

Schneiden des Passepartouts

Als Schneidunterlage empfiehlt sich, eine Graupappe auf die Arbeitsplatte zu legen. Der Passepartoutkarton wird zuerst auf die errechneten Außenmaße zugeschnitten. Dazu wird das Eisenlineal mit einer Schraubzwinge am Tisch befestigt. Mit dem Messer kann man an der Kante des Lineals ohne Druck mehrfach entlangschneiden, bis die Pappe geteilt ist.
Dann zeichnet man den Ausschnitt vorsichtig auf der Vorderseite ein. Die Markierungen sollen nachher ausradiert werden können! Dazu eignet sich sehr gut ein auf die Randbreite eingestellter Zirkel mit eingespanntem Bleistift.

Anzeichnen des Passepartout-ausschnittes mit einem Zirkel

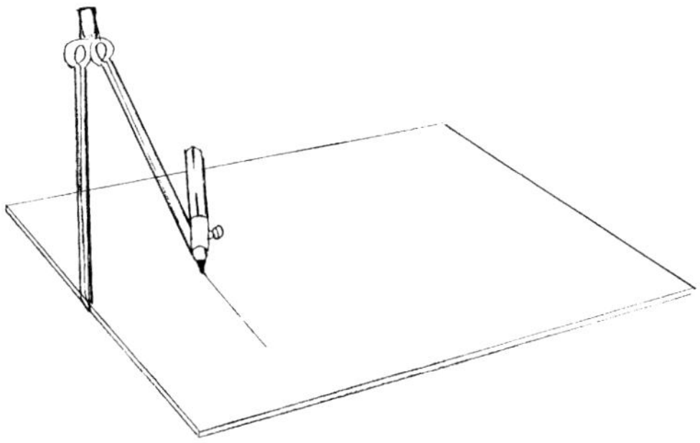

Seitenränder und Oberrand sind gleich, der Unterrand soll ca. 0,5 cm breiter sein. Genausogut kann man sich mit einem Lineal die Ecken markieren und den Ausschnitt aufzeichnen.

Tipp: Einen weichen, sauberen Radiergummi nehmen, er beschädigt die Oberfläche des Passepartoutpapieres am wenigsten.

Schneidet man Passepartouts selber, ist ein Passepartoutschneider sehr geeignet. Ich selbst verwende am liebsten den Schneider der Firma Dexter, da das Messer sich auf die Schräge des Schnittes genau einstellen lässt und durch die handliche Form kann der Apparat leicht am Eisenlineal entlang geführt werden.
Es bedarf etwas Übung, das Messer anzusetzen und zu führen.

Wenn man mit säurehaltigen Pappen arbeitet, ist der Schrägschnitt unbedingt einzufärben, da er sonst bei Sonneneinstrahlung oder durch Alterung bräunlich wird. Farbige Bemalung, besonders Gold- oder Silberfarbe, steigert unter Umständen den dekorativen Effekt.

Spannen eines Bildes

Manchmal stört es, wenn sich ein Bild hinter dem Passepartout wellt.

Die nachfolgend beschriebene Methode sollte ausschließlich bei nicht wertvollen Blättern wie Reproduktionen, Kalenderblätter etc. angewandt werden. Sie ist nur in Verbindung mit einem etwas stabileren Passepartout möglich. Da sie einiges Geschick erfordert, ist Übung nötig.

Zuerst schneidet man vier Klebstreifen in der Länge der Bildränder zurecht. Das Bild wird wie üblich mit zwei Klebstreifen hinter dem Passepartout befestigt.
Das Bild wird von hinten mit einem Schwamm leicht angefeuchtet. Danach wird es sofort mit dem Klebstreifen verklebt.

Zuerst die beiden gegenüberliegenden

Seiten. Das Blatt wird dabei ganz leicht mit der flachen Hand nach unten gestrichen, bevor man den unteren Klebstreifen am Passepartout befestigt. Die seitlichen Klebstreifen folgen und werden ebenfalls zu den Außenkanten hin leicht gespannt.

Den Schwamm für das Befeuchten des Bildes kann man gleich benutzen, um die Klebstreifen darüberzuziehen.
Aber Vorsicht, jetzt ist Leim auf dem Schwamm. Kein zweites Bild damit spannen.

Tipp: Es ist ganz wichtig, dass man den Klebstreifen an der Kante des Blattes mit dem Fingernagel oder Falzbein fest andrückt, da es sich sonst wellen kann.

Durch das Anfeuchten dehnt sich das Papier aus. Wenn es sich durch den Trocknungsprozess wieder zusammenzieht, wird es durch die Klebstreifen wie ein Trommelfell gespannt und beginnt sich rasch zu wölben. Deshalb muss man das Passepartout sofort mit der Glasscheibe verkleben.

Wichtig! Diese Technik sollte niemals in Verbindung mit Radierungen oder Kupferstichen verwandt werden. Durch das Pressen beim Druck ist das Papier in der Facette dünner und reißt dementsprechend schneller.

Tipp: Wellen des Bildes: Oft hilft es schon, wenn man das Papier vorsichtig anfeuchtet und zwischen Löschpapier und Pappen presst. Dicke Bücher oder ein altes Bügeleisen dienen als Beschwerer.

Verschließen eines Rahmens

Als Wechselrahmen

Um die Motive im Rahmen möglichst schnell auszutauschen, kann der Rahmen mit Wechselklammern verschlossen werden. Bei kleineren Rahmen sind dies feine Metallblättchen (Fachausdruck: Vorreiber), die auf die Leiste genagelt oder geschraubt werden. Sie können nur verwendet werden, wenn die Rückwandpappe mit dem Leistenrücken abschließt. Dies ist bei schmalen Leisten leicht, da deren Falz mit Glas, Passepartout, Bild und Rückwandpappe schnell gefüllt ist.

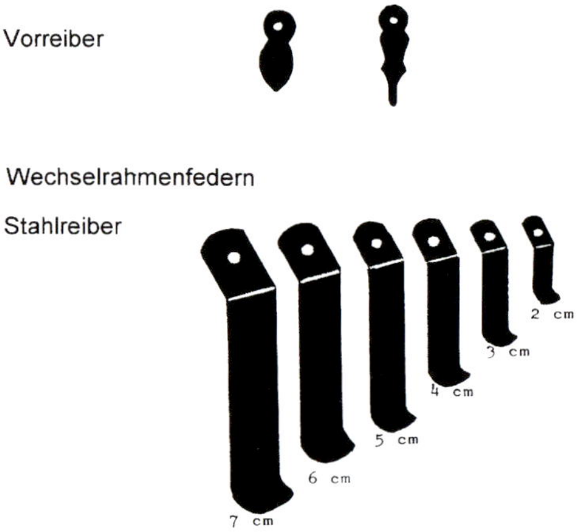

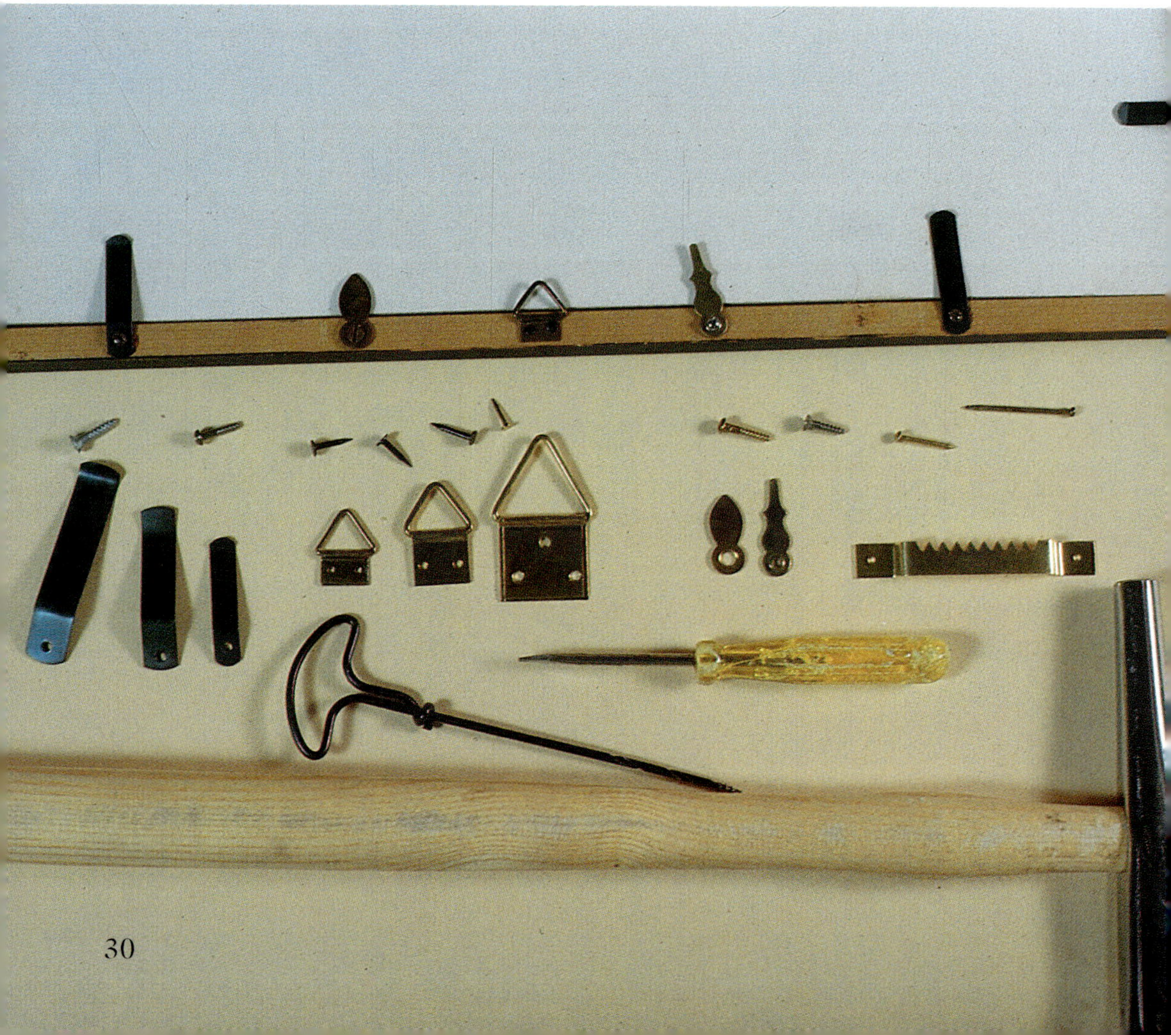

Für größere und sehr große Bilderrahmen, bei denen die Rückwand tiefer liegt als die Rahmensohle, eignen sich größere gebogene Metallfedern (Fachausdruck: gebläute Stahlreiber). Es gibt sie in verschiedenen Größen.

Staubdichte Rahmung

Um zu verhindern, dass Milben und Staub eindringen, sollte man die Glasscheibe im Rahmen verkleben. Hierzu wird das Glas mit Passepartout, Bild und Rückwand zusammen verklebt.

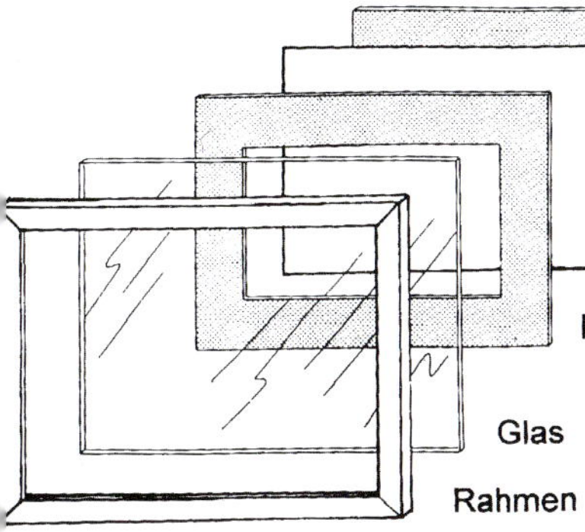

Man schneidet eine, bei Originalen säurefreie, Rückwand mit dem gleichen Maß wie das Glas zu. Darauf wird das im Passepartout befestigte Bild gelegt. Staub durch Pusten oder mit einem Staubpinsel entfernen. Dann die gereinigte Glasscheibe darauflegen. Zur Fixierung dieses „Paketes“ wird ein schwerer Gegenstand, z.B. ein Bügeleisen oder ein Buch vorsichtig auf das Glas gesetzt. Dazwischen unbedingt Filz oder Stoff legen. Vier weiße Klebstreifen werden in Kantenlänge zugeschnitten.

Tipp: Das Ende des weißen Streifens an der Glasplatte abreißen.

Die feuchten Klebstreifen werden mit einem schmalen Rand, der nachher in der Falz verschwindet, auf das Glas geklebt und dann mit der flachen Hand bis unter die Rückwandpappe festgedrückt.

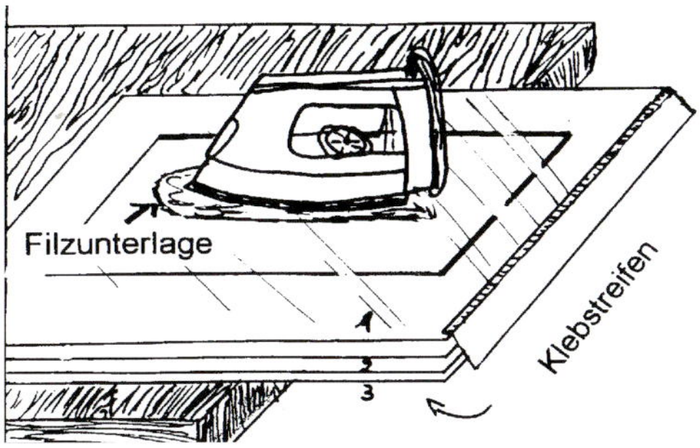

1. Glas
2. Passepartout mit Bild
3. Rückwand

Oder der Klebstreifen wird von unten gegen die Rückwand geklebt und dann mit Handballen und Daumen festgeklebt. Vorsicht, die Glaskanten entschärfen.

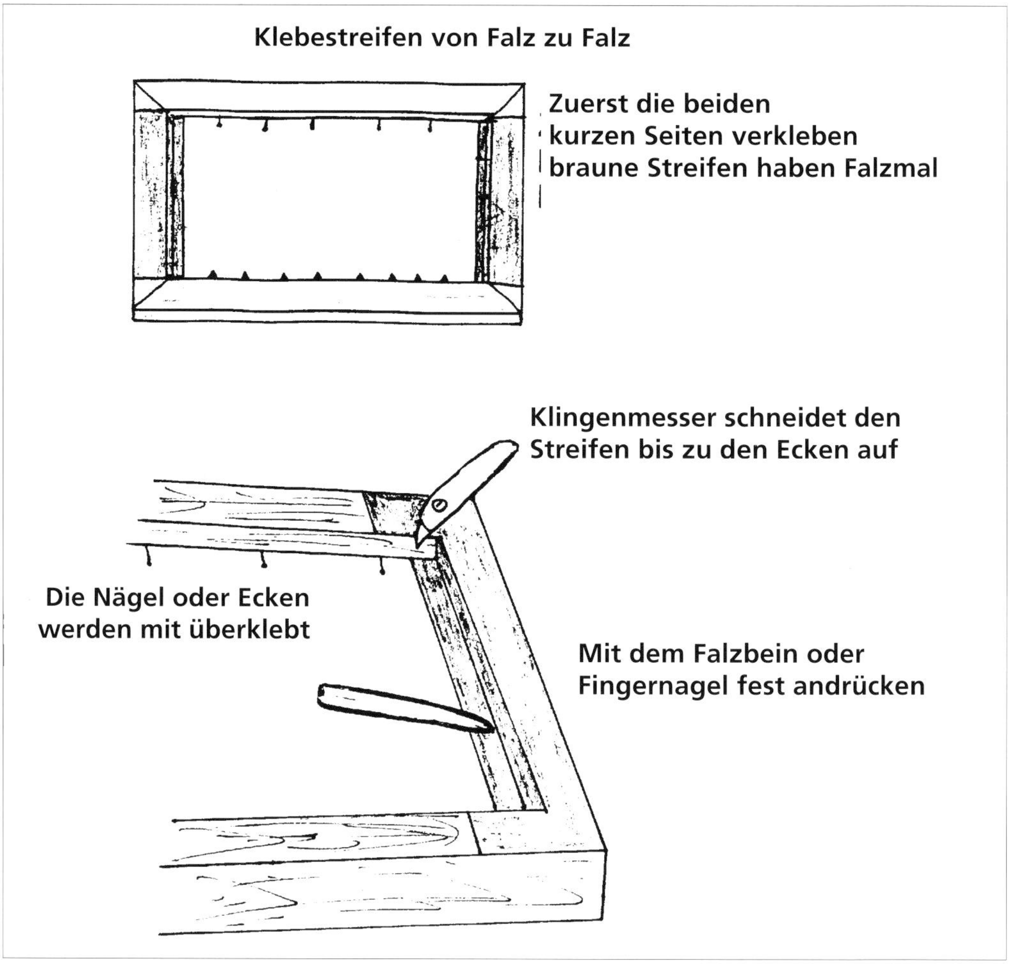

Tipp: Bevor man verklebt, sollte man nochmals auf Fusseln oder Staub achten. Am besten mit einem flachen Pinsel sauberfegen.

Tipp: Wenn man doch einen Fremdkörper übersehen hat, nochmals an einer Seite öffnen. Mit einem eingeschobenen Papier oder vorsichtigem Klopfen von oben kann man ihn oft entfernen.

Dieses verklebte „Paket“ wird in den Rahmen gelegt, mit Nägeln oder den Einstift-Ecken oder -Plättchen eines Handapparates im Rahmen befestigt und nochmals mit braunem Klebeband verschlossen.

Wenn man Rückwand, Passepartout und Glas nicht staubdicht verklebt, sollte man auf jeden Fall auf der Rückseite des Bildes die Lücke zwischen dem Karton und der Rahmenleiste mit braunem Klebeband verschließen. Dies verhindert, dass Insekten und Milben eindringen können. Und es sieht ordentlicher aus.

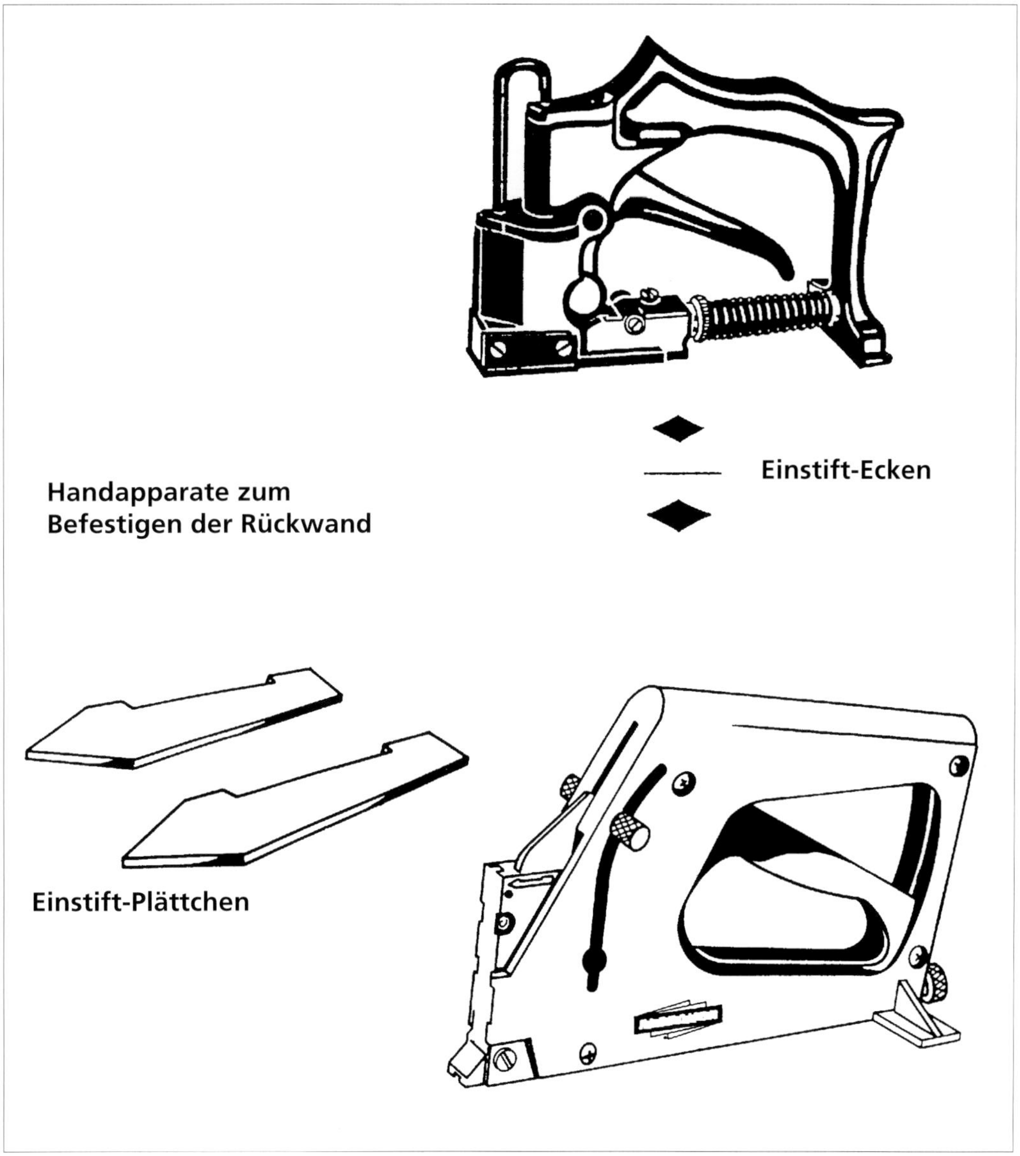

Tipp: Beim Nageln den Rahmenrücken gegen die Gehrungsschneidlade oder gegen die auf dem Tisch montierte Holzleiste halten.

Dazu legt man das Glas, das Passepartout und die Rückwand lose in den Rahmen und befestigt diese mit Nägeln oder Stiften.

Danach schneidet man sich vier Streifen breites braunes Klebeband zu. Die beiden kürzeren Seiten von Falz zu Falz reichend, werden zuerst geklebt. Fest mit dem Falzbein oder Fingernagel andrücken. Beim Verkleben der langen Seiten wird der Streifen nass gemacht und flach vom äußeren Leistenende zum anderen gespannt. Mit dem Klingenmesser schneidet man ihn an der Falz ein und drückt den Rest an der Falzhöhe und der Rückwand mit dem Falzbein oder dem Fingernagel fest.

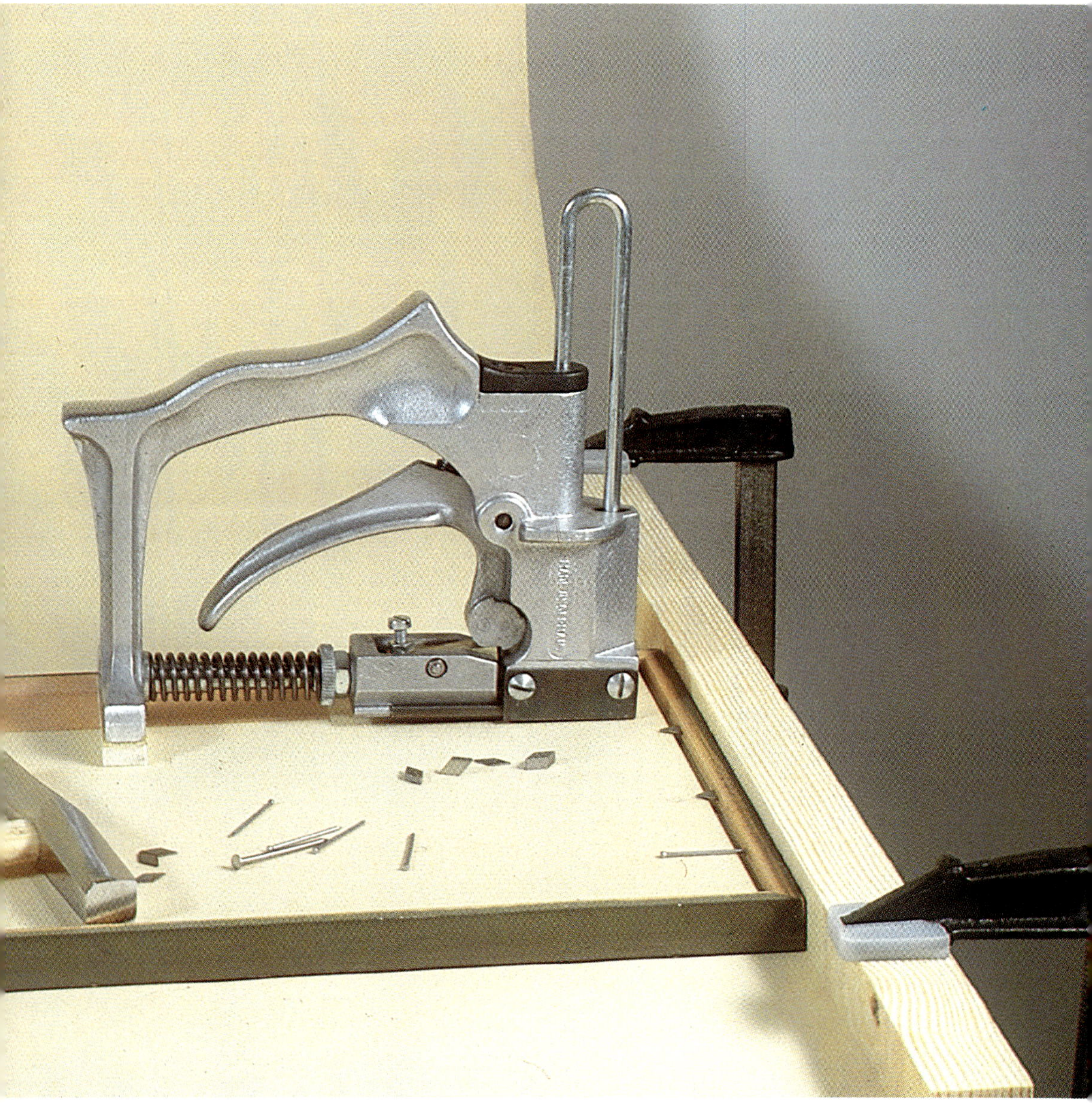

Aufhängung

Kleine Bildformate

Für kleinere Rahmen eignen sich am besten Klappösen mit spitzer Öse und Nagellöchern. Sie sind in verschiedenen Größen erhältlich. Sie werden mit Drahtstiften oder Kammzwecken mit flachem Kopf befestigt.

Tipp: Man montiert die Klappöse mit der Spitze nach unten. Hochgeklappt bleibt sie so unsichtbar.

Wenn man zwei Aufhänger am Oberrand befestigt, eignen sich besonders Zackenaufhänger, da man den Abstand der Nägel nicht mehr ganz genau messen muss.

Zackenaufhänger

Klappösen

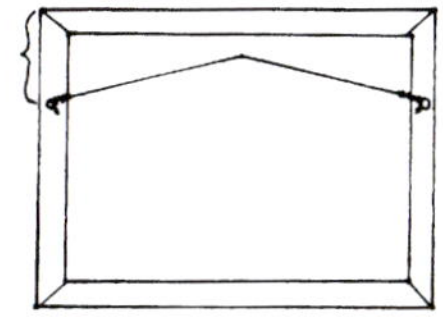

Die Ringschraubenbefestigung bei 1/3 der Rahmenhöhe

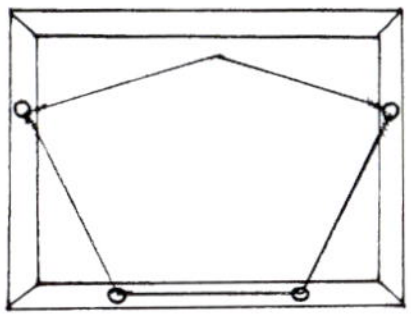

Befestigung der Ringschrauben bei schweren Bildern

Große Bildformate

Für Bilder ab einer Größe von 50 x 50 cm und für Ölbilder auf Keilrahmen sollte man Ringschrauben verwenden.

Hier gilt die Regel, dass sie am oberen Drittel auf gleicher Höhe in die seitlichen Leisten eingeschraubt werden.

Die Ringschrauben können mit Bilderdraht verbunden werden. Beim Kauf des

Drahtes sollte man darauf achten, dass er sich gut biegen lässt.

Falls sich die Leiste als zu schwach erweisen sollte, kann man den Rahmen unterstützen, indem man, wie auf der Zeichnung zu sehen ist, das Seil durch vier Ösen zieht.

Tipp: Niemals zu schwache Aufhänger verwenden, damit das Bild nicht von der Wand fällt.
Da die meisten Aufhänger unsichtbar montiert sind, spielt es für die Optik keine Rolle.

Anspruchsvolle Rahmenlösungen

Bemalung und Verzierung von Rahmen

Besonders harmonische Rahmungen erhält man, wenn man die Leiste selber farbig gestaltet oder verändert.

Eine schlichte Holzleiste kann farblich passend zum Bild getönt werden. Hierzu eignen sich Plakafarben besonders gut.

Dazu sollte man den Rahmen fertig schneiden und zusammensetzen. Die Schnittkanten an den Ecken werden mit übermalt; das gibt dem Rahmen ein edles Aussehen. Wenn die Holzleiste noch unbearbeitet ist, kann man die Farbe direkt auftragen. Ansonsten zuerst Vorstreichfarbe oder Grundierung auftragen.

Bei der Farbwahl sucht man am besten einen Ton aus dem Bild, der die Farbwirkung des Bildes unterstreicht.

Tipp: Bei einem farbigen Rahmen empfiehlt es sich, ein weißgrundiges Passepartout zu nehmen. Es wird sonst leicht zu bunt. Eventuell kann man die Rahmenfarbe im Schrägschnitt des Passepartouts wiederholen.

Tipp: Vorsicht mit zu vielen Farben auf einer Leiste. Wenige Farben unterstützen die Wirkung eines Bildes, zu viele wirken schnell erdrückend.

Weiter lassen sich fertige Leisten mit einem schmalen Linierstift verändern. Diese Stifte gibt es in verschiedener Strichbreite und Farben, sie eignen sich ebenso für Passepartoutverzierungen.

Zur Verzierung von Leisten eignen sich besonders Gold und Silber.
Silber sollte besonders bei „kalten" Tönen verwandt werden. Ein silberner Strich auf der schmalen Vorderkante einer schwarzen Leiste lässt sie wertvoller wirken.
Gold sollte man bei „warmen" Tönen und gebeizten Holzleisten verwenden.

Verzierung der Rahmenecken mit Ornamenten

Im folgenden wird eine sehr einfache und dennoch äußerst wirkungsvolle alte Technik der Rahmenverzierung beschrieben. Sie eignet sich besonders für kleine Fotorahmen, aber auch als Geschenk oder für breite Spiegelleisten.

Material

- Farbpigmente für Patina
- Goldbronze, in Pulverform für das Anrühren in Schellack oder flüssig statt Plaka
- Haftgrund, auch Primer (Capacryl) oder Vorstreichfarbe
- Lackfarbe
- Pappe, die 1 cm breiter und länger ist als das Schlagmetall
- Patina
- Plakafarbe in Silber und/oder Gold
- Putzwolle oder einen weichen Lappen
- Schellack, gelbbräunlicher Lack
- Schlagmetall in Gold oder Silber, meist zu 100 Blatt sortiert
- Terpentin zur Verdünnung des Schellackes und Pinselreinigung
- Zahnstocher oder angespitzter Holzstab.

Vorbereitung des Untergrundes

Die Holzleiste wird mit Vorstreichfarbe oder weißer Plaka grundiert und dann mit Gold oder Silber bemalt. Dies kann Plakafarbe oder in Schellack angerührte Bronze sein. Bei Plakafarbe wird das Gold mit Lack fixiert.

Dann werden das Profil und der Leistenrücken mit der Grundfarbe überstrichen.

Nun kann freihändig oder mit Schablone das Muster mit dem Zahnstocher ausgekratzt werden. Besonders schön ist es, wenn die Fläche mit einem Eckabschluss begrenzt wird.

Dann werden zuerst die Eckenabschlüsse ausgemessen und markiert und anschließend ausgekratzt.

Tipp: Es ist einfacher, von der Mitte zur Ecke zu arbeiten.

Vorlagen für Eckabschlüsse

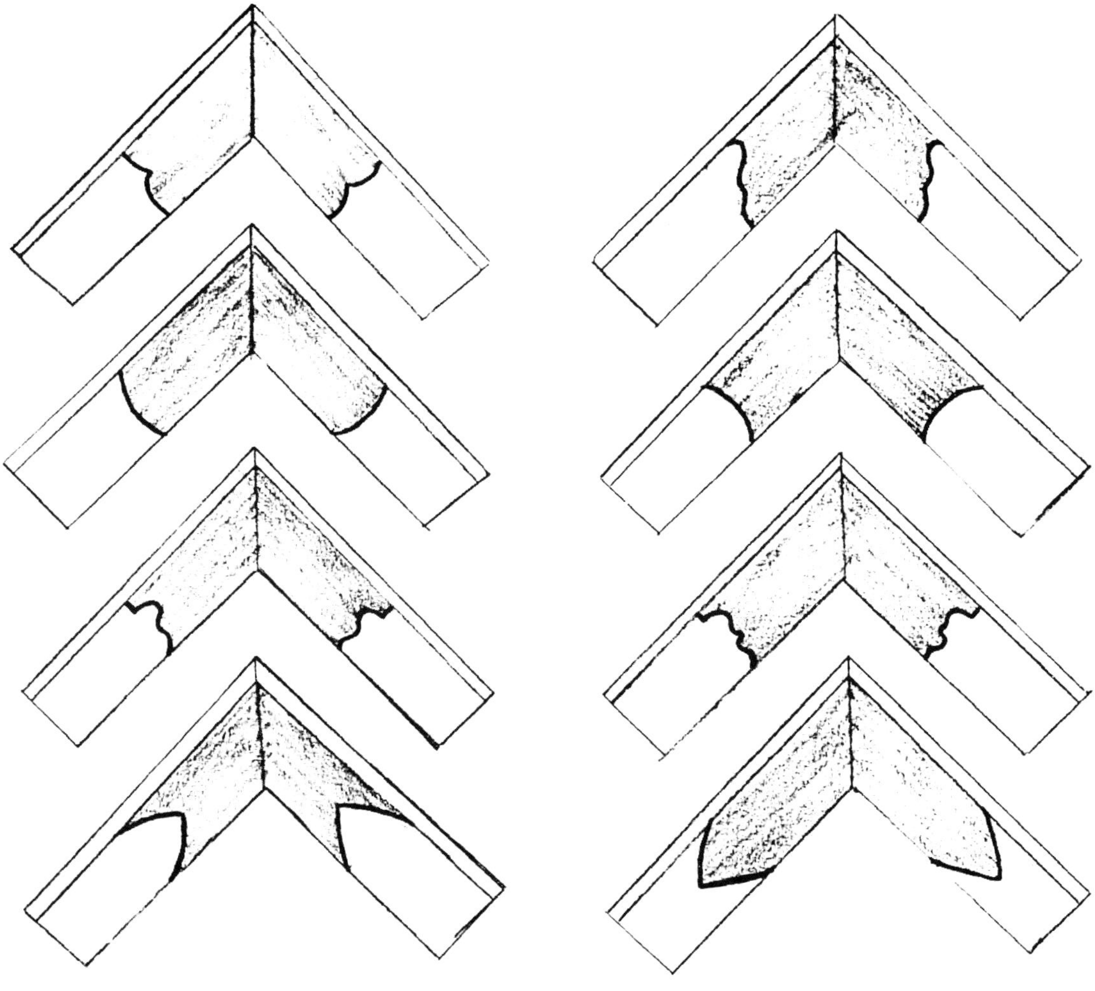

Zum Schluss wird der Rahmen noch einmal mit Lack fixiert und kann patiniert werden.

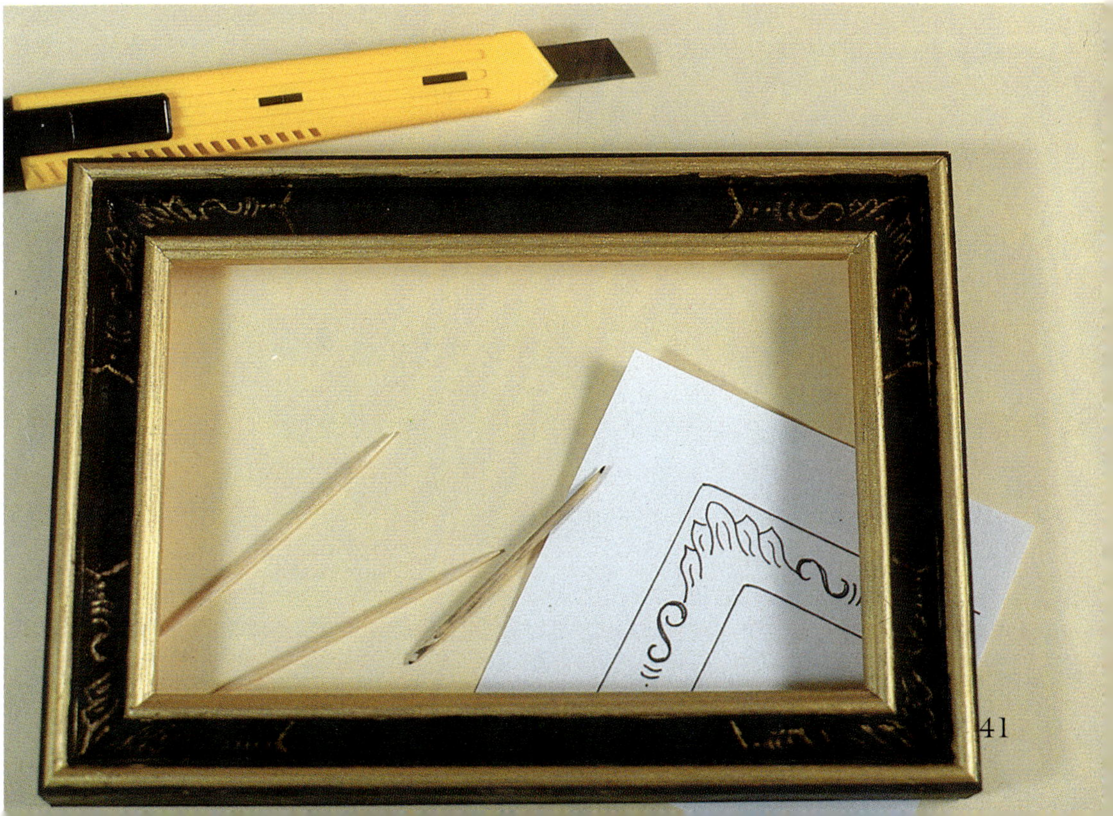

Übertrag der Vorlagen auf die Leiste/ Anfertigen von Schablonen

Dieses Buch kann nur eine kleine Auswahl an Eckmotiven bieten. Man kann seiner Phantasie freien Lauf lassen und einfach frei zeichnen. Oder man nimmt sich Bleistift und Papier mit ins Museum.

Alte Rahmen bieten wunderbare Vorlagen für Verzierungen oder Gravuren.

Die Vorlagen werden fotokopiert und auf ein Stück dünne Pappe (Briefkartenstärke) geklebt. Man kann sie auch auf die Pappe übertragen, indem man mit einer Nadel das Muster durchsticht und dann nachzeichnet.

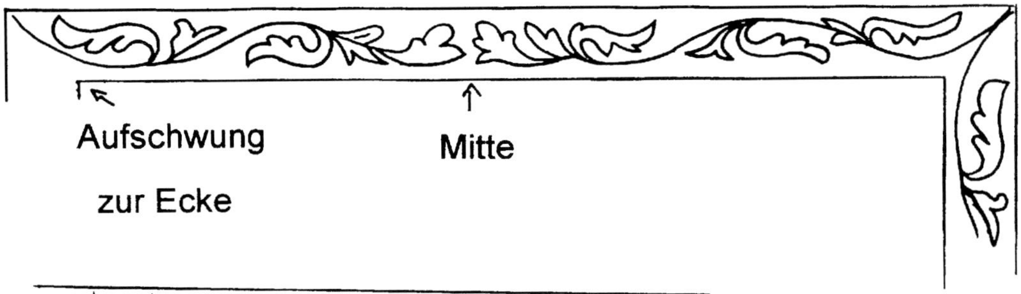

Fortlaufende Ornamente

Vorlagen für Eckornamente

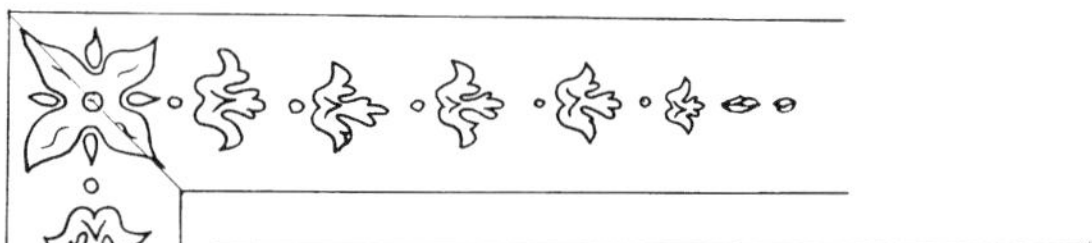

Tipp: Die Vorlagen beim Kopieren so vergrößern oder verkleinern, dass sie auf die Leistenbreite passen.

Eckornamente/ fortlaufende Muster

Bei fortlaufenden oder feinen Ornamenten sollte man auf einem Stück Papier das Ornament üben und dann freihändig mit Bleistift aufzeichnen. Zum Ausschaben des Musters eignet sich ein Zahnstocher oder ein angespitzter Holzstift.

Beim Nachzeichnen des Musters auf der Leiste mit dem Zahnstocher, nimmt man die obere Schicht Farbe auf dem Rahmen ab, und das Gold oder Silber kommt darunter hervor.

Breite Mustervorlagen

Eine andere Technik ist das Aufmalen von Eckornamenten mit Hilfe von Schablonen. Das Muster wird auf Karton übertragen und mit dem Messer ausgeschnitten. Darauf achten, dass die stehenbleibenden Papierstege in der Pappe nicht zu schmal sind. Man sollte die Schablone unbedingt mit Lack besprühen oder übermalen, damit sie fester wird. Anschließend gut trocknen lassen.

Die Vorlage wird auf das mit dunkler Farbe gestrichene und gelackte Rahmenprofil gelegt und mit Plaka oder Goldbronze in flüssigem Schellack gold- oder silberfarben überstrichen. Dabei wird die Schablone von rechts und links benutzt. Oder man malt das Muster mit Bleistift nach und die Form mit dem Pinsel aus.

Passepartoutverzierungen

Linierung und Verzierung von Passepartouts

Besonders zu alten Stichen, Landkarten, älteren Zeichnungen sehen diese Passepartouts sehr wirkungsvoll aus. Man sollte niemals moderne Motive mit linierten Passepartouts rahmen.

Material

- Füllfederhalter mit breiter Spitze
- Geodreieck
- Gold- oder Silberpapier
- Lineal mit schräger Kante
- Patina für Goldpapier
- Stabilograph oder feine Stifte
- Tuschfarben
- feine Tuschpinsel.

Die Linierung

Zuerst fertigt man einen Probestreifen an, um die Wirkung der verschieden breiten Linien und der Lasur (= durchsichtige Farbschicht) zu sehen. Das braucht mehr Zeit, als wenn man gleich das Passepartout bearbeitet, aber die Mühe lohnt sich. Auch wenn man geübt ist, sollte man sich immer eine Probe auf einem Pappstreifen machen. Diese Linierung ist mit Nadelstichen auf ein dünnes Papier und damit auf das fertig geschnittene Passepartout übertragbar.

Die Probe kann aufbewahrt und als Muster immer wieder verwendet werden.
Die Linien sollten mit einem feinen Bleistift vorgezeichnet werden. Messen Sie den Abstand zum Passepartoutausschnitt nach. Das Lineal sollte absolut glatt sein. Achten Sie darauf, dass die Spitze der Feder oder des Stiftes die schräge Kante des Lineals nicht berührt.

ANNÉE. — JANVIER 1919.
N° 1.
GEORGE BARBIER 1918.
ATELIER PATRIA.
Jane Renouardt, sous les traits d'Elvire
rotring Art Pen
silver marker

GEORGE
BARBIER
1918.
ATELIER PATRIA.

Lasur

Wenn man einen Zwischenraum farbig gestalten, also lasieren will, muss man folgendermaßen vorgehen: Für die farbige Gestaltung zwischen zwei Begrenzungslinien wählt man eine zarte Tuschfarbe, die möglichst eine Farbe des Bildes wiederaufnimmt.
Auf der Probe kann man die Wirkung der Farbe testen.
Die Fläche, die farbig gestaltet werden soll, wird zuerst mit klarem Wasser nass gemacht. Die eigentliche Farbe verteilt sich dadurch besser. Ränder oder Ansätze, die entstehen, wenn die Farbe trocknet, werden ebenfalls vermieden.
Dann erst wird mit einem Pinsel die Tuschfarbe aufgetragen. Trotz vorherigem Befeuchten der Fläche sollte man um Ansätze zu vermeiden zügig in beide Richtungen gleichzeitig arbeiten. Das heißt, man lasiert ein kleines Stück, ca. 10 cm in die eine Richtung, setzt ab und malt am anderen Ende weiter, wieder etwa 10 cm usw.

Tipp: Man sollte feine Pinsel mit guten Haaren verwenden, deren Spitzen lange gebrauchsfähig bleiben.

Der Zwischenraum kann ebenso mit Papier auf Klebefolie gefüllt werden. Man kann Goldpapier oder farbige Büttenpapiere benutzen. Wichtig ist, dass diese breiten Streifen auf Gehrung zugeschnitten werden.

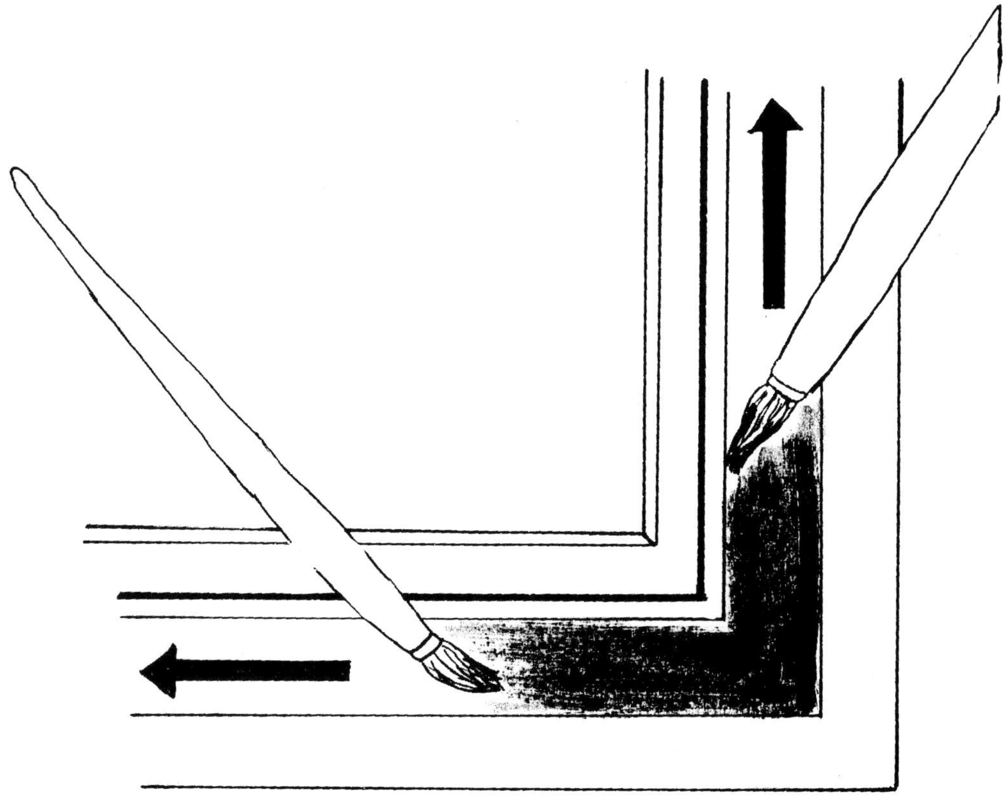

Patinierung von Gold- oder Silberfolie

Mit feiner Stahlwolle oder Sandpapier wird die Oberfläche ganz leicht aufgerauht.
Nun wird Patina mit dem Pinsel aufgetragen und mit Putzwolle oder einem weichen Lappen unregelmäßig wieder abgenommen. Am besten eignet sich Patina in Braun oder Schwarz.
Man kann zum Auftragen auch einen Schwamm nehmen. Farbspritzer oder „Mückenschiss“ erhält man mit Hilfe einer alten Zahnbürste. Die Borsten werden leicht in die Patina getaucht und dann mit dem Daumen gestriffen, die feinen Spritzer möglichst gleichmäßig auf die Goldfolie treffen lassen. Tauchen Sie die Bürste nicht in zuviel Patina, sonst entstehen dicke Flecken. Um scharfe Schnittkanten zu bekommen, werden die Streifen mit dem Eisenlineal auf einer Glasscheibe oder Marmor zugeschnitten. Das Lineal sollte mit Zwingen festgehalten werden.

Goldstreifen

Besonders schön sieht es aus, wenn man einen schmalen Goldstreifen aufklebt, z.B. zwischen zwei feine schwarze Linien.

Das patinierte Goldpapier wird in einen Streifen geschnitten, der mehr als die Länge des Passepartoutausschnittes hat. Möglichst selbstklebende Folie besorgen, sonst die Goldfolie auf eine doppelseitige Klebefolie glatt und blasenfrei aufkleben.

Tipp: Ein sauberes Papier über dem Streifen ermöglicht ein blasenfreies Andrücken.

Folienstreifen im Passepartout-Ausschnitt

Dazu braucht man Gold- oder Silberfolie. Diese schneidet man mit dem Messer in etwa 2 cm breite Streifen.

Der Streifen wird längs gefaltet und mit dem Falzbein glattgestrichen. Die Länge wird so berechnet, dass jeweils 1 cm über die Passepartoutausschnittkante hinaus-

steht. Dann wird ein Papierkleber auf die Rückseite des Passepartouts gegeben und der Streifen daraufgelegt.
Den Streifen sofort von vorne kontrollieren. Der Streifen soll etwa 1-2 mm zu sehen sein.

Die beiden gegenüberliegenden Seiten werden zuerst geklebt.

Tipp: Darauf achten, dass die 4 mm für den Folienstreifen in der Größe des Passepartoutausschnittes mitberechnet werden.

Rahmung von Objekten

Man kann fast alles rahmen: Collagen, Sandbilder, Insekten, getrocknete Blumen, Orden, Uhren oder auch Medaillen und Münzen.

Doppelter Leistenrahmen

Für Objekte wie Schmetterlinge oder Blumengestecke kann man ganz einfach zwei Rahmen ineinander stecken. Achten Sie darauf, dass der äußere Rahmen ausreichende Falzhöhe hat.

Rahmung von Objekten

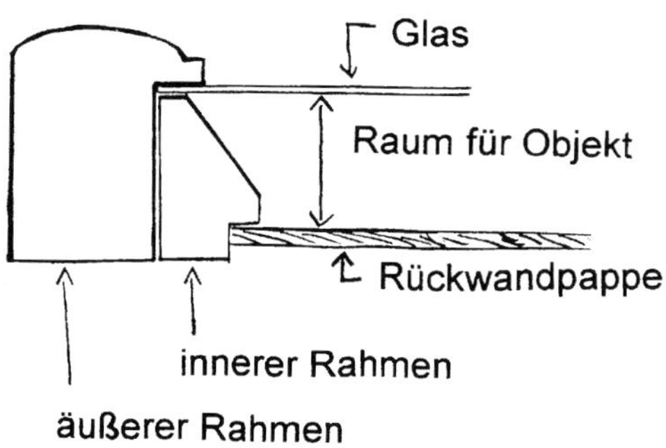

Kastenrahmen

Eine zweite Möglichkeit besteht in einem Profil mit ebenfalls hohem Falz. Das Glas wird in der Falz festgeklebt oder genagelt.

Tipp: Beim Nageln des Glases Metallstifte ohne Kopf verwenden und einen dünnen Pappstreifen dazwischen legen.

Die Rückwand wird mit Nägeln auf der Leistensohle befestigt, so dass ein Kasten entsteht.

Rahmung von Objekten II

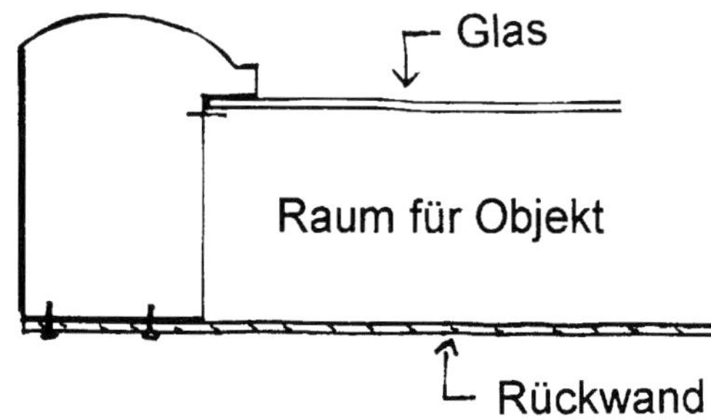

Tipp: Denken Sie daran, bei beiden Möglichkeiten den Falz in der Farbe des Hintergrundes farbig anzumalen.

Als Hintergrund für Insekten oder Blumen kann man die Rückwandpappe mit Seide beziehen, die mit doppelseitig klebender Folie aufgezogen wird. Bei Münzen und Medaillen verwendet man Filz oder Samt. Die Münzen in der gewünschten Anordnung auf die Unterlage legen und jeweils rundum anzeichnen. Dieses sind die Markierungen für die Einschnitte.
Wenn man jetzt den Karton mit Filz überzieht, kann man die Münzen leicht hineindrücken. Sie können jederzeit zum Polieren wieder herausgenommen werden. Man sollte den Rahmen auch mit Wechselklammern versehen, um ihn jederzeit leicht öffnen zu können.

Zum Spannen von Seidentüchern eignet sich eine weiß beschichtete Hartfaserplatte. Diese wird mit einem Sprühkleber oder doppelseitiger Klebefolie überzogen. Das Seidentuch kann nun straff gespannt werden. Das Tuch kann immer wieder gelöst werden.

Rahmung von Münzen

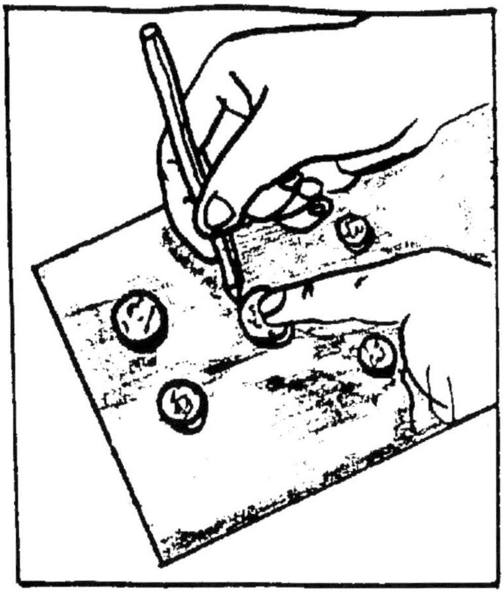

Rahmung von Spiegeln

Da Spiegelglas sehr schwer ist, muss das Profil proportional zur Größe des Spiegels stabiler und breiter werden, ebenso sollten unbedingt spezielle Spiegelaufhänger verwendet werden.

Auf Flohmärkten sollten Sie immer nach gebrauchten Rahmen Ausschau halten. Oft kann man preiswert Rahmen kaufen und diese hinterher verschönern.

Tipp: Bei der Rahmung von Spiegeln wird der Falz schwarz ausgemalt, um Spiegelungen zu vermeiden.

Tipp: Bedecken Sie die Rückseite des Spiegels mit weichem Material, Filz, Wellpappe oder ähnliches, damit die Spiegelbeschichtung nicht verletzt wird.

Pflege des Rahmens

Bei den meisten Rahmen genügt es, wenn sie mit einem Staubtuch gereinigt werden. Wischen Sie möglichst nicht mit einem feuchten Lappen und schon gar nicht mit scharfen Reinigungsmitteln, denn diese können die Lackschicht angreifen.

Für die Reinigung von Glas (auch Fensterglas!) und Spiegeln ist das beste eine Spiritus-Wasser-Lösung im Verhältnis 1:1. Der Spiritus verdunstet. Keine handelsüblichen Fensterglasreiniger verwenden, der enthaltene Salmiak beschädigt die Kunstwerke. Alle 7 bis 10 Jahre die Rahmen lüften. Hierbei wird das Paket von Rückwand, Auflagepappe, Passepartout und Glas aufgemacht. Das Glas wird gereinigt. Alles ein paar Stunden offen liegen lassen, und dann das Kunstwerk wieder einrahmen.

Schützen Sie Ihre Objekte vor direktem Sonnenlicht. Empfindliche Zeichnungen, Aquarelle und farbintensive Bilder verblassen sehr schnell.

Hängen Sie Ihre Bilder nicht direkt über die Heizung. Das Papier wellt sich leicht und wird staubig.

Mein Dank gilt besonders meinem Mann und Bettina Springorum für Korrekturlesen, wichtige Hinweise und Unterstützung.

ENGLISCH VERLAG

Bücher für Kreative

ISBN 3-88140-0784-8
Hardcover, 64 Seiten

ISBN 3-8241-0847-X
Broschur, 64 Seiten

ISBN 3-8241-0825-9
Broschur, 32 Seiten

ISBN 3-8241-0785-6
Broschur, 64 Seiten

ISBN 3-8241-0787-2
Broschur, 64 Seiten

Lust auf Mehr?

Liebe Leserin, lieber Leser,

natürlich haben wir noch viele andere Bücher im Programm. Gerne senden wir Ihnen unser Gesamtverzeichnis zu. Auch auf Ihre Anregungen und Vorschläge sind wir gespannt. Rufen Sie uns einfach an oder schreiben Sie uns.

Englisch Verlag GmbH
Postfach 2309 · 65013 Wiesbaden
Telefon 0611/94272 - 0 · Telefax 0611/9427230